CB136495

AFINAL, TODOS SÃO IGUAIS?

EJA, Diversidade étnico-racial e a
Formação continuada de professores

A minha mãe, responsável pela pessoa que sou hoje.

A meu pai, pela contribuição sensível sempre presente na minha vida.

A meu irmão, a meu primo e a todos os meus familiares que souberam compartilhar momentos tristes e alegres.

A Nilma Lino Gomes, minha eterna mestra. A verdadeira ação afirmativa só acontece porque existem pessoas como você.

Natalino Neves da Silva

AFINAL, TODOS SÃO IGUAIS?

EJA, Diversidade étnico-racial e a Formação continuada de professores

MAZZA
edições

Copyright © *2007 by* Natalino Neves da Silva
Todos os direitos reservados

Capa: *Túlio Oliveira, sobre fotomontagem de Alice Bicalho de Oliveira e Conceição Bicalho*

Diagramação: *Anderson Luiz Souza*

Revisão: *Ana Emília de Carvalho*

S586a Silva, Natalino Neves da.
Afinal, todos são iguais? : EJA, diversidade étnico-racial e a formação continuada de professores. — Belo Horizonte : Mazza Edições, 2007.

80 p. ; 14 x 21 cm.

Conteúdo: Originalmente apresentado como monografia na Faculdade de Educação da Universidade Federal de Minas Gerais.

ISBN 978-85-7160-427-8

1. Educação. 2. Educação – Relações étnicos raciais. I. Título.

CDD: 370.96081
CDU: 376.74

Proibida a reprodução total ou parcial.
Os infratores serão processados na forma da lei.

MAZZA EDIÇÕES LTDA.
Rua Bragança, 101 – Pompéia
30280 410 Belo Horizonte, MG
Telefax: (31) 3481 0591
e-mail: edmazza@uai.com.br
site: www.mazzaedicoes.com.br

AGRADECIMENTOS

A Deus, energia suprema do universo.

A minha orientadora, Profª Drª Nilma Lino Gomes, pela sua sensibilidade profissional e pessoal com as questões socioculturais e históricas, pela capacidade de influenciar positivamente a minha trajetória pessoal e profissional.

Aos inúmeros amigos e amigas. Justo, para agradecê-los, seria nomeá-los. Como não é possível, de forma geral, registro: toda equipe do Programa Ações Afirmativas do Observatório da Juventude e do Grupo de Educação Indígena; aos amigos(as) da turma F – E, pois acredito que realmente fizemos diferença; aos funcionários da Biblioteca da Faculdade de Educação da Universidade Federal de Minas Gerais, pela presteza que sempre demonstraram comigo; aos amigos(as) da Fundação do Centro de Referência da Cultura Negra, pela generosa acolhida; e a todos(as) que (in)diretamente contribuíram para a minha formação humana.

A Profª Drª Maria Amélia Gomes de Castro Giovanetti (Amelinha), pela postura apaixonada e ao mesmo tempo apaixonante com o campo da Educação de Jovens e Adultos.

Aos professores(as) Ana Gomes, Aracy Martins, Daisy Cunha, Dalila Andrade, Fúlvia Rosemberg, Inês Teixeira, Juarez Dayrell, Leôncio Soares, Lúcia Helena, Luiz Alberto, Marlucy Paraíso, Rildo Cosson, Rosemary Dore, Walter Ude e tantos(as) outros(as), pela atenção e carinho dedicados.

À equipe de professoras, diretoras, coordenadoras e todos(as) os(as) funcionários da escola pesquisada, pela generosidade e disponibilidade com que acolheram a mim e à pesquisa. Todos(as) vocês me ensinaram que a execução de um trabalho sério, apesar de todas as adversidades, é possível. É só acreditar na força do coletivo.

Aos jovens e adultos da Educação de Jovens e Adultos (EJA), pela força e garra de homens e mulheres, trabalhadores(as), desempregados(as), negros(as) e brancos(as), sujeitos concretos, que acreditam e lutam por dias melhores. A todos(as) vocês meus sinceros respeito e dedicação.

"Eu sonho com uma sociedade reinventando-se de baixo para cima, em que as massas populares tenham, na verdade, o direito de ter voz e não o dever apenas de escutar. Esse é um sonho que acho possível, mas que demanda o esforço fantástico de criá-lo. Quer dizer: para isso, é preciso que a gente anteontem já tivesse descruzado os braços para reinventar essa sociedade."

(Paulo Freire)

SUMÁRIO

APRESENTAÇÃO

O tema da Educação de Jovens e Adultos (EJA) tem ocupado o interesse de pesquisadores e pesquisadoras da área da Educação há algumas décadas, porém isso não impede que ausências sejam percebidas nesse campo teórico. Uma delas é o trato da questão da diversidade de uma maneira geral e da questão racial, em específico.

Afinal, quem são os sujeitos da EJA no Brasil? Ao nos perguntarmos isso, encontraremos prontamente a resposta de que são homens e mulheres que, por algum motivo, viram-se excluídos e/ou impedidos de dar continuidade à sua trajetória escolar no período considerado regular da Educação Básica. Também encontraremos a resposta de que são pessoas que, na sua maioria, pertencem aos setores sociais menos favorecidos da população.

No entanto, essas duas respostas rápidas, embora expressem as principais características do público da EJA, não são suficientes. Há muito mais para se falar sobre os sujeitos da EJA. Será que consideramos que esses sujeitos são, na sua maioria, negros e negras? Será que percebemos que o campo da EJA é também espaço-tempo da diversidade cultural? Será que observamos como o público da EJA se vem tornando, cada vez mais, jovem em alguns contextos brasileiros? E percebemos que essa mudança traz conflitos e desafios entre o mundo adulto e o juvenil? Será que percebemos como essas questões ainda se encontram incipientes nos processos de formação inicial e continuada dos educadores e educadoras da EJA?

Para que tais questões e as suas possíveis respostas sejam tratadas com seriedade, é preciso que coloquemos a EJA em um campo mais sólido e fecundo: a EJA como tempo de direitos. Por isso qualquer prática ou reflexão que fizermos dentro desse campo deverá ultrapassar a visão do jovem e do adulto como "carente", "com dificuldade de aprendizagem", "analfabeto" e entendê-los como sujeitos que lutam pelo seu direito à escolarização e pelo respeito às suas diferenças.

Dentre as lacunas apontadas no campo de estudos da Educação de Jovens e Adultos, a relação entre EJA, diversidade cultural e questão racial talvez seja a que apresenta um menor investimento enquanto tema de pesquisa, de reflexão e de práticas pedagógicas. Por isso os trabalhos que tematizam essa relação tensa e desafiadora podem ser considerados como vanguarda.

E é justamente o desafio de investigar as possíveis articulações entre EJA e questão racial que o autor *Natalino Neves da Silva*, pedagogo, e, no momento, mestrando em Educação no Programa de Pós-Graduação da Faculdade de Educação da Universidade Federal de Minas Gerais (FAE/UFMG) e bolsista do Programa Internacional de Bolsas de Pós-Graduação da Fundação Ford, apresenta-nos neste livro.

Ao lermos o trabalho de Natalino, nós nos deparamos com um estudo que representa mais do que o resultado de uma monografia do curso de graduação. O leitor e a leitora estarão diante de preciosas contribuições para o campo da EJA, das relações raciais e da formação continuada de professores. O desafio de articular esses três campos temáticos e o trabalho sério e competente de pesquisa realizado pelo autor são aspectos que nos convidam à leitura.

O livro apresenta uma pesquisa de tipo etnográfico realizada durante nove meses nos anos de 2004 e 2005 em uma escola municipal de Belo Horizonte. Foram entrevistadas três professoras que atuam na EJA, além da realização da observação participante, conversas informais, análise de documentos e anotações no diário de campo.

Uma das constatações da pesquisa é que a discussão e o estudo da diversidade cultural de maneira geral e da questão étnico-racial, especificamente, não ocorrem de maneira sistematizada no campo da formação dos professores da EJA. O trato pedagógico da questão racial ainda se faz ausente tanto nos processos de formação inicial e continuada dos docentes quanto na sua prática no interior dos espaços educativos.

Como nos diz Boaventura de Sousa Santos, é preciso indagar essa ausência. É importante compreender que, no contexto das relações raciais no Brasil, a ausência do estudo sério e sistemático da diversidade étnico-racial na educação escolar foi sistematicamente produzida enquanto tal. Por isso é preciso realizar um movimento que dê destaque às emergências, ou seja, às práticas alternativas sobre a diversidade étnico-racial que vêm sendo produzidas na educação de maneira geral e no campo da EJA, em particular. O nosso desafio é investigar essas práticas, conhecê-las, problematizá-las e consolidá-las.

O cotidiano escolar investigado por Natalino nos revela que essas emergências ainda não se dão de forma coletiva.

Elas ainda se restringem à busca individual e a ações isoladas de algumas professoras devido a sua trajetória de vida e sensibilidade diante da temática. Essas docentes podem conseguir ou não influenciar o coletivo de professores da escola.

É justamente esse lugar ocupado pela questão racial na educação, vista como ação individual ou compromisso político de alguns educadores que precisa ser superado. Visando a esse e outros avanços é que o Movimento Negro lutou pela implementação da Lei 10.639/03, que hoje torna obrigatório o ensino de História da África e da Cultura Afro-Brasilcira nos currículos das escolas públicas e privadas da Educação Básica. O desafio dessa lei é que ela seja implementada em todos os níveis e modalidades de ensino e atinja não só as crianças e adolescentes, mas, também, o público da EJA e os educadores e educadoras que a ela se dedicam.

É neste contexto que o livro de Natalino se insere, por isso ele é, ao mesmo tempo, um convite e um desafio a um posicionamento. Natalino e eu esperamos que vocês os aceitem.

Nilma Lino Gomes
Professora da Faculdade de Educação da UFMG
Coordenadora Geral do Programa Ações Afirmativas na UFMG

INTRODUÇÃO

Esta pesquisa representa o trabalho de conclusão do curso de Pedagogia na Faculdade de Educação da UFMG. O trabalho aqui apresentado localiza-se dentro do campo de estudos sobre a Educação de Jovens e Adultos (EJA), com um recorte específico para a diversidade étnico-racial e a formação continuada de professores da EJA.

Os motivos que deram origem a este trabalho são muitos. No entanto, destacarei aqueles que considero os principais: a minha inserção como bolsista de extensão durante dois anos no projeto "Identidades e Corporeidades Negras: Oficinas Culturais", realizado pelo *Programa Ações Afirmativas na UFMG*[1] e as discussões realizadas na disciplina eletiva no Programa de Pós-Graduação da Faculdade de Educação da UFMG, *Exclusão Social e Educação das Camadas Populares,* ministrada pelas professoras Maria Amélia Giovanetti e Nilma Lino Gomes, que chamaram a minha atenção para o campo da EJA.

---

[1] O *Programa Ações Afirmativas na UFMG* surgiu inicialmente como um projeto de extensão, aprovado no concurso "Cor no ensino superior", do Programa Políticas da Cor, vinculado ao Laboratório de Políticas Públicas da UERJ. Devido ao seu raio de atuação, ele foi transformado em "programa" no ano de 2003, mediante solicitação da Pró-Reitoria de Extensão da UFMG. O Projeto de Extensão Identidades e Corporeidades Negras: Oficinas Culturais constitui uma das frentes de atuação desse Programa.

Essa formação foi reforçada pela minha atividade profissional. No ano de 2005, passei a atuar como coordenador/educador social na entidade Núcleo de Arte e Cultura Desembargador Márcio Sollero, voltado para o atendimento de crianças e adolescentes na faixa etária de 6 a 16 anos por meio de oficinas de arte, cultura e educação. Nessa instituição, atuei diretamente com a comunidade do Bairro Mariano de Abreu, constituída, em sua maioria, por uma população negra e pobre. Algumas pessoas dessa população estão na EJA ou já passaram por ela. Assim sendo, algumas questões foram surgindo como: será que a realidade dessa parcela da população é considerada pela EJA? Como se deu e se dá a relação dos jovens e adultos negros desta comunidade com as docentes? O seu pertencimento racial é considerado pelos professores?

Como já foi dito antes, dentro da ampla temática sobre diversidade cultural e currículo, elegemos, nesta pesquisa, a questão racial e, mais especificamente, o segmento negro. Interessa-nos saber como e se essa questão pode ser considerada como um aspecto presente na formação continuada dos professores da EJA; de que maneira, como os professores(as) a compreendem e quais as estratégias pedagógicas adotadas por eles(as) em sala de aula quando a questão racial é destacada. Esse interesse se associa à constatação da forte presença da população negra na EJA, cuja história de vida e trajetória escolar são atravessadas por uma série de desigualdades sociais e raciais.

A pesquisa foi realizada durante 9 (nove) meses na Escola Municipal Machado de Assis[2]. Essa escolha se deu a par-

[2] Por motivos éticos, decidimos preservar o nome da instituição, logo esse nome é fictício.

tir da indicação de uma professora da Faculdade de Educação da UFMG, que fez o acompanhamento desta instituição quando da elaboração do seu projeto pedagógico.

A Escola Municipal Machado de Assis localiza-se na Região Oeste de Belo Horizonte, que tem uma população estimada, aproximadamente, de 268.124[3]. Esta instituição está localizada nas mediações de uma periferia considerada relativamente violenta, conhecida como Ventosa.

Já no primeiro contato com a escola, percebi que existe uma relação bastante próxima entre os professores, os funcionários e os alunos. A modalidade de Educação de Jovens e Adultos é algo recente. Durante a pesquisa, era recorrente a fala das professoras de que agora é que estão aprendendo a lidar, na prática, com essa modalidade de educação. No atual quadro de profissionais da escola, grande parte das docentes não teve uma formação específica para atuar com o público jovem e adulto; assim sendo, essa formação ocorre em serviço.

A direção da escola tem uma preocupação visível em contribuir com a formação cultural dos alunos para além dos muros da escola. Diante dessa postura, estamos de acordo com a idéia de que "vai caindo por terra a concepção de suplência, de recuperação do tempo perdido, e, em seu lugar, a Educação de Jovens e Adultos vai sendo pensada como um Ciclo de Formação, tempo central de formação dos seres humanos" (LEITE, 1996, p. 109).

---

[3] Fonte: IBGE. *Censo Demográfico 2000*, apud. Dados Estatísticos das regionais sobre Belo Horizonte em: <http:// www.pbh.gov.br>.

O Caminho Percorrido

A fim de alcançar os objetivos propostos desta pesquisa, fez-se a opção metodológica por uma abordagem qualitativa por meio da realização de uma pesquisa de tipo etnográfico. De acordo com Marli Eliza André (1995), "uma importante contribuição da etnografia para a pesquisa das situações escolares decorre da atitude aberta e flexível que deve manter o pesquisador durante a coleta e a análise dos dados, o que lhe permite detectar ângulos novos do problema estudado". Nesse sentido, pela abordagem etnográfica, podemos estabelecer uma maior aproximação do universo sociocultural dos sujeitos que foram investigados, possibilitando-nos uma maior compreensão e o esclarecimento da temática em questão.

A autora acima citada nos diz ainda que "as interações de sala de aula ocorrem sempre num contexto permeado por uma multiplicidade de significados, que por sua vez fazem parte de universo cultural que deve ser estudado pelo pesquisador" (ANDRÉ, 1995, p. 100). Esta pesquisa utilizou como recursos metodológicos a observação participante da prática pedagógica de três professoras da EJA, pelo acompanhamento das aulas expositivas e do cotidiano escolar durante um período de 9 (nove) meses dos anos de 2004 e 2005.

No decorrer da pesquisa, porém, não foi possível fazer o acompanhamento da prática educativa de uma das professoras por motivos de remanejamento no quadro de funcionários. Optamos, então, por entrevistá-la e incluir o seu relato na pesquisa devido à importância de sua trajetória de vida e o envolvimento com as questões da EJA.

A Escola Municipal Machado de Assis é uma instituição que já está acostumada a receber estagiários(as) durante o ano letivo. Nesse sentido, a minha presença não significou um estranhamento para os(as) alunos(as) e demais funcionários e não encontrei nenhuma resistência por parte do coletivo de professores[4]. Mesmo estando ciente da minha participação como pesquisador e não como estagiário, a coordenadora decidiu me apresentar para as professoras como alguém que desempenharia essa função. No entanto, no decorrer do trabalho de campo, esclareci a todas elas quais eram os objetivos que me levaram a estar naquela escola e a proposta de elaboração desta pesquisa. Mesmo assim, elas preferiram me apresentar para os(as) alunos(as) como estagiário.

As observações de campo ocorreram entre o mês de agosto de 2004 a abril de 2005, no período noturno. Além disso, foram realizadas entrevistas semi-estruturadas, resultando o total de 98 laudas transcritas, a fim de compreendermos a trajetória profissional dessas professoras e sua relação com a diversidade cultural.

A Organização do Trabalho

A EJA possui uma relevante trajetória social e histórica. Desde a sua constituição, é marcada por enfretamentos, lutas e embates políticos e pedagógicos. Apesar de muitas vezes a EJA ocupar um lugar secundário nos debates educacionais,

[4] Vale a pena ressaltar que o quadro de professores que atuam na EJA, na escola observada, é composto somente por mulheres.

acreditamos que ela exerce uma importante tarefa no processo de ensino e aprendizagem da população brasileira. Por essa razão, o contato com o campo da formação continuada de professores da EJA desvendou-me um universo sociocultural vasto e rico, demarcado por diferentes tempos e espaços, perpassado por questões relacionais, geracionais, raciais, socioeconômicas, entre outras. Confesso que, às vezes, gostaria de seguir os vários caminhos apontados, mas reconheço que não é possível. Espero, portanto, que a realização deste breve trabalho possa contribuir para a ampliação de horizontes de pesquisa no campo da EJA e das relações raciais.

Este trabalho está organizado em quatro capítulos. No primeiro, realizaremos uma discussão sobre a organização dos tempos e espaços vividos na EJA, ambos considerados como *tempos sociais, produzidos a partir de determinado contexto social, histórico e cultural.* Além disso, faremos uma caracterização da escola observada a partir da organização do seu tempo e espaço direcionados ao trabalho da EJA.

No capítulo segundo, refletiremos sobre o campo da formação continuada de professores da EJA. Analisaremos essa formação e sua articulação com as questões raciais e apontamos o importante papel que o(a) professor(a) da EJA pode desempenhar na relação educativa com os seus(suas) alunos(as).

No capítulo terceiro, discorreremos sobre alguns temas sociais presentes na vida dos sujeitos, mas invisíveis no tempo e no espaço da formação continuada de professores da EJA. A partir da inserção em campo, convivendo constantemente com os jovens e adultos, percebemos o quanto estes traziam para a sala de aula questões sérias que fazem parte do seu cotidiano e história de vida, tais como: violência, racismo, desemprego, drogas, etc. Diante disso, a pesquisa também aponta que há temas sociais presentes na vida dos alunos que precisam fazer parte da reflexão da formação continuada de professores da EJA.

No capítulo quarto, discutiremos sobre os limites e as possibilidades do trabalho com a questão racial na EJA. Esse capítulo é dedicado ao entendimento tanto da formação continuada de professores quanto o campo de estudo da EJA como um espaço sociocultural permeado de tensões, relações, contradições, representações e valores raciais, geracionais e de gênero.

Finalizando, apresentaremos as considerações finais nas quais retomo o meu lugar como pedagogo, interessado na relação entre a EJA e a questão racial.

Capítulo 1

A EDUCAÇÃO DE JOVENS E ADULTOS, OS TEMPOS E OS ESPAÇOS

> "Para que o 'povo' faça parte da escola, é necessário caracterizá-lo em sua amplitude e decompô-lo em suas características e suas identidades."
>
> *(Guerreiro Ramos)*

1.1 O espaço pesquisado: breve descrição da escola

Ao chegar à Escola Municipal Machado de Assis, fui muito bem recebido por todos que nela trabalham. Em um primeiro momento, quando as professoras entrevistadas me apresentavam para os alunos[5], a forma como eu era visto e nomeado sempre era como estagiário. Aqui se tomou como referência a pesquisadora Marília P. Carvalho (2003), que diz que o pesquisador passa a assumir uma determinada identidade na vida cotidiana da escola. Essa autora nos relata que, muitas vezes, "para se encaixar no cotidiano, particularmente nas salas de aula, ela era tratada como estagiária" (CARVALHO, 2003, p. 210). E foi nesse misto de estagiá-

[5] A partir desse momento, no texto, usaremos apenas o genericamente masculino para nos referirmos tanto aos indivíduos de forma geral quanto aos professores em particular. Apesar de na pesquisa haver uma maioria de mulheres, fiz essa opção por considerar que fazer marcações de gênero no corpo do texto sobrecarrega a escrita e a leitura do mesmo.

rio, pesquisador e pedagogo que a pesquisa de campo como parte da realização desta monografia de final de curso se realizou.

A Escola Municipal Machado de Assis localiza-se no Bairro Jardim América, na Região Oeste de Belo Horizonte. Funciona em 3 (três) turnos e conta, aproximadamente, com 210 jovens e adultos presentes na EJA. A pesquisa foi realizada no período noturno, pois é neste que funciona a modalidade de ensino que desejávamos pesquisar, ou seja, a EJA.

Cercada por muros altos, toda pintada de verde-claro, sem nenhum sinal de depredação, a escola ocupa um quarteirão inteiro do bairro. Inicialmente, toda essa estrutura física era um anexo de uma outra escola. A partir de uma demanda da comunidade, houve uma reforma em todo o prédio que foi entregue como escola independente no ano de 1991.

Ao conversar com uma pessoa que trabalha nessa escola há vários anos e que é também uma líder comunitária da Ventosa, perguntei a sua opinião sobre a relação existente entre a comunidade e a escola. Ela respondeu que houve uma participação intensa dos moradores na luta por essa escola. E acrescentou que, muito antes da proposta do *Programa Escola Aberta*[6], a Escola Municipal Machado de Assis já abria seus portões nos fins de semana para a participação de toda a comunidade.

A escola apresenta várias dependências em seu espaço físico: auditório, biblioteca, refeitório/cozinha, depósito de

---

[6] Proposta da Secretaria Municipal da Educação em abrir algumas escolas nos fins de semana, principalmente as que se localizam em áreas de alta vulnerabilidade social.

materiais, despensa, diretoria, sala de professores, sala de coordenação, secretaria, uma (1) sala de vídeo, uma (1) mecanografia, um (1) parque para crianças, um (1) parque para adolescentes, uma (1) brinquedoteca, um (1) pomar, uma (1) cidade projeto, quinze (15) salas de aula (sendo que, à noite, funcionam apenas sete), um (1) ginásio/quadra poliesportiva coberta, conseguido por intermédio do Orçamento Participativo, e três (3) pátios.

Todo o quadro técnico-administrativo possui curso superior. São vinte (20) funcionários, distribuídos nas funções de professores, especialistas, pessoal administrativo e serviços gerais no período noturno. O clima de respeito mútuo entre os profissionais e os jovens e adultos é algo perceptível já no primeiro contato com a instituição.

O funcionamento é de segunda à quinta-feira, pois na sexta-feira somente as professoras comparecem para reunião pedagógica, que tem como foco principal discutir a organização dos conteúdos a serem trabalhados na semana seguinte. O horário das aulas é de 19h às 22h, com um intervalo de trinta (30) minutos. A refeição é oferecida aos alunos quando eles chegam no primeiro horário. Na hora do intervalo, eles geralmente se encontram no pátio principal. Nesse momento, jovens e adultos "brincam" de peteca ou de bola, outros vão paquerar e, principalmente, pôr o papo em dia, seja do trabalho, seja dos projetos futuros de vida. Vale a pena ressaltar que esse momento é constituído por uma intensa interação dos diferentes tempos vividos entre os jovens e os adultos de forma bastante lúdica.

Os alunos me acolheram muito bem e, com o passar do tempo, tive a sensação de que a minha presença deixava de ser novidade, tornando-se, em alguns momentos, quase imperceptível entre eles. Geralmente, íamos embora juntos, no término das aulas, momento esse em que aproveitava para lhes perguntar sobre o que achavam da escola e quais eram as suas impressões sobre a proposta educativa desenvolvida pelos professores. Na maioria das vezes, as respostas que obtive foram sempre de elogios pela atenção e paciência que estes profissionais têm para com eles. Entretanto, algumas vezes, alguns deles desabafavam, diziam que sentiam falta de terem mais conteúdo, pois o tempo passava muito rápido e, devido ao fato de alguns de seus colegas de sala já se encontrarem num estágio mais "avançado" de conhecimento, eles/as não conseguiam acompanhar a matéria que estava sendo dada. Tal afirmação me levou a refletir sobre o tempo e espaço na EJA e sua relação com questões socioeconômicas, raciais, geracionais, com os processos de ensino e aprendizagem, entre outras.

1.2 Organização do tempo e espaço na EJA

Maria Clemência de Fátima (2005) nos chama a atenção para a arquitetura dos tempos na Educação de Jovens e Adultos e a sua implicação nas vivências escolares do educando, para a compreensão dos tempos sociais produzidos historicamente num contexto cultural. Entender o tempo e o espaço na EJA significa analisá-los como tempos plurais, compreender que possuem especificidades entre os tempos escolares e o tempo vivido pelos alunos da EJA.

Uma forma de organização do tempo da EJA na escola pesquisada é a organização dos conteúdos a partir do que os professores chamam de *agrupamento*. Isso significa que durante um determinado período é trabalhado um tema que irá permear todas as disciplinas. No ano de 2004, foram trabalhados os seguintes agrupamentos: a) Socialização; b) Idade; c) Escola, Educação e Trabalho; d) Diversidade Cultural; e o e) Consumo. No ano de 2005, o primeiro agrupamento denominou-se "Trocando Experiências", já o segundo discute "o Trabalho", tendo previsto o terceiro, que abordaria como tema "a Sexualidade".

Ao perguntar à Profª Maria[7] se tal organização tratava-se da Pedagogia de Projetos[8], ela me respondeu:

> A lógica de organização por agrupamento, aproxima-se da pedagogia de projetos; no entanto, nós trabalhamos por áreas, ou seja, quando esgota um determinado tema, não significa que a partir do próximo agrupamento não se pode retomar conceitos trabalhados no anterior (*Diário de Campo*, 14/8/2004).

A fala da professora nos leva a uma indagação: será que mesmo as tentativas novas de organização do tempo escolar acabam tratando temas sociais tão ricos e amplos, como trabalho, diversidade, socialização e consumo, como conteúdos escolares? Como os professores da EJA podem ampliar a discussão desses temas sem necessariamente

---

[7] Por motivos éticos todos os nomes citados das professoras são fictícios.

[8] A Pedagogia de Projetos visa à ressignificação do espaço escolar, transformando-o em um espaço vivo de interações, aberto ao real e a suas múltiplas dimensões. O trabalho com projetos traz uma nova perspectiva para entendermos o processo de ensino/aprendizagem (LEITE, 1996, p. 27).

transformá-los em conteúdos escolares, mas destacando a sua riqueza e sua presença viva no cotidiano da sociedade humana? No entanto, apesar dos limites, reconhecemos que, no contexto histórico da educação escolar e da EJA, essa forma de organização apresenta algo de novo. Isso é percebido pelas professoras:

> Eu acho que está no momento da gente buscar avançar em certas direções, às vezes a gente fica muito quieto no que está achando que está bom e para mim nunca está muito bom. Eu sempre quero buscar inovar, eu quero experimentar porque, se você não experimenta, você não sabe o que é! (Joana, professora da EJA).

Durante o trabalho de campo, percebi que as professoras, no trabalho com agrupamento, têm uma certa dificuldade de retomar os trabalhos anteriores devido à escassez de material didático, ao tempo de formação de professor, ao cumprimento do conteúdo proposto. Esses são alguns dos fatores que dificultam a sua retomada, que não ocorre a não ser por meio do resgate da memória dos alunos.

Na opinião de outra professora, um dos desafios que está posto para o campo da EJA consiste na presença do público tão heterogêneo presente na sala de aula:

> Nos agrupamentos, que foram bem heterogêneos, o problema da disciplina foi gritante. Existe por parte dos jovens também aquele preconceito: "Aquele ali não sabe, aqueles ali são devagar demais..." Tinha jovem que chegava junto de mim e falava: "Eu não dou conta, eles são muito devagar"! Era aquela questão daquele de seus 50 e poucos anos, que tem uma maioria aqui, que está destreinado de ficar escrevendo,

> enquanto você colocava alguma coisa, ou falava alguma coisa que tinha de copiar, algumas questões, em dois minutos eles terminavam e não faziam mais nada. (Madalena, professora da EJA).

Esse breve relato evidencia que a organização do tempo e do espaço no processo de ensino e aprendizagem dos jovens e adultos merece ser mais discutida na prática do professorado da EJA. A compreensão desse tempo e espaço deve ser considerada na formação inicial e continuada do professor da EJA e também deve ser um ponto de reflexão e intervenção na relação entre professor e aluno. Além disso, é preciso compreender que tempo e espaço não caminham sozinhos e nem estão separados. Eles se concretizam na vida dos sujeitos, a qual é construída por meio de diferentes valores sociais, geracionais, pertencimentos identitários, étnico-raciais, socioeconômicos, entre outros.

Na escola pesquisada, a proposta político-pedagógica, bem como a sua forma de organizar o tempo e o espaço da escola, tem sido norteada pelos eixos do *Programa Escola Plural*[9] da Secretaria Municipal de Educação de Belo Horizonte (SME-BH). Isso traz desafios para a prática do docente da EJA, assim como para os próprios alunos que nem sempre compreendem a proposta de organização de

---

[9] A proposta político-pedagógica Escola Plural, apresentada em fins de 1994, pela SMED – BH e implantada em 1995, caracteriza-se pela diversidade e pluralidade de ações socioculturais, em torno de um eixo unificador capaz de garantir a todos uma educação pública de qualidade. Dessa maneira, pauta-se na construção de uma nova ordem que traduz na lógica de uma escola inclusiva. (CASTRO, 2000, p. 31).

agrupamentos, trabalhos com projetos presentes no tempo e no espaço da Escola Municipal Machado de Assis.

Conforme afirma Miguel Arroyo[10], ao regressarem para a instituição, ocorre um certo estranhamento da representação que os jovens e adultos têm da escola *tradicional* de "caráter excludente, punitivo, avaliativo e reprovatório em relação a uma proposta que leva em conta o sujeito como o centro do processo de ensino e aprendizagem". Isso requer da equipe de coordenação e dos professores da escola pesquisada um esclarecimento constante da nova forma de organizar e avaliar, e sobre os eixos norteadores da proposta da Escola Plural. Mas, mesmo assim, na opinião das professoras entrevistadas, existe ainda muita resistência e dificuldade de compreensão dessa nova forma de conduzir o processo de ensino e aprendizagem por parte dos alunos. Como nos esclarece a professora:

> Eles pensam ainda a escola naquela metodologia passada, seriada. Quando eles chegam aqui e vêem que não é o seriado... Está muito ligado àquela questão: a Matemática, a matéria estanque, o Português, a Geografia, a História. E para eles isso é valorização. Dentro da nossa cultura, é valor você ter o seu caderno de Matemática, o professor de Matemática, você ter seis professores... Olha lá, seis professores, enquanto aqui na EJA você irá trabalhar com, no máximo, dois ou três (Madalena, professora da EJA).

---

[10] Palestra proferida pelo Prof. Miguel Arroyo, na Faculdade de Educação da UFMG, 30/9/2004.

Nessa direção, Arroyo (1996) salienta que cabe a todos os profissionais da educação a superação dessa cultura escolar. Ele afirma:

> Podemos nos propor a construir uma nova cultura escolar e profissional, a cultura da inclusão frente à dominante cultura da exclusão. Podemos nos propor à defesa de leis e mecanismos de superação das práticas e estruturas excludentes e seletivas (ARROYO, 1996, p. 13).

Assim sendo, o entendimento do tempo e espaço da EJA não pode acontecer de forma desconectada do público ao qual são dirigidas as ações educativas dessa modalidade de educação. É preciso perceber que esse jovem e esse adulto são portadores de vivências, de singularidades, de determinado pertencimento étnico-racial e que apresentam necessidades reais, dado ao contexto onde eles estão inseridos. Cada vez mais, torna-se um desafio para os professores compreender quem são os jovens e adultos da EJA, como a cultura e a diversidade étnico-racial se expressa na sua vida e como a própria EJA e o seu currículo lidam com essa complexidade. Tudo isso deve ser considerado também pelos profissionais da educação.

Marta Kohl Oliveira (2004) descreve que os sujeitos que estão presentes na EJA

> são homens e mulheres, trabalhadores/as empregados/as e desempregados/as ou em busca do primeiro emprego; filhos, pais e mães; moradores urbanos de periferias, favelas e vilas. São sujeitos sociais e culturais, marginalizados nas esferas sócio-econômicas e educa-

cionais, privados do acesso à cultura letrada e aos bens culturais e sociais, comprometendo uma participação mais ativa no mundo do trabalho, da política e da cultura (OLIVEIRA, 2004).

Capítulo 2

A FORMAÇÃO CONTINUADA DE PROFESSORES E A EDUCAÇÃO DE JOVENS E ADULTOS

"Ninguém educa ninguém.
Ninguém educa a si mesmo.
As pessoas se educam entre
si, mediatizadas pelo mundo."
(Paulo Freire)

2.1 Formação continuada: uma tarefa complexa

Maria Amélia Giovanetti (2003) chama a nossa atenção para a dimensão relacional presente na educação de jovens e adultos, o que nos leva a refletir que a EJA deve ser compreendida não somente como uma relação de ensino e aprendizagem de conteúdos, mas sim como relação humana que se dá entre sujeitos com diferentes identidades[11], histórias e trajetórias em um contexto escolar específico. Essa vivência do espaço escolar está profundamente articulada com as experiências e os processos sociais e educativos vividos por professores e alunos da EJA fora da escola.

A autora acima citada afirma:

---

[11] O pesquisador Stuart Hall (2002) analisa o processo identitário não como uma única identidade, mas como identidades fragmentadas, em permanente processo de construção, com forte associação à idéia de pertencimento a uma determinada comunidade, num determinado tempo e espaço.

> Pensar a educação através do viés da relação é como uma porta que se abre a um universo simultaneamente de afetos e de direitos. O campo dos "afetos" é um alerta ao micro, à dimensão pessoal; o campo dos "direitos" nos remete ao macro, à dimensão social; ambos intrinsecamente relacionados (GIOVANETTI, 2003, p. 15).

As pesquisas educacionais sobre a Educação de Jovens e Adultos apontam para a necessidade da interação entre o professor e o aluno, envolvendo o aspecto da autoimagem e o "enfrentamento da ressonância da condição de exclusão social vivenciado pelos educandos/as desse seguimento educacional" (GIOVANETTI, 2003).

Uma das entrevistadas revela que a atuação na educação de jovens e adultos requer do professor muita sensibilidade na sua prática pedagógica em sala de aula. Segundo ela, o professor e a professora da EJA ocupam um lugar de referência junto do alunado:

> Os alunos se sentem valorizados e a figura do professor é importante. É o referencial, mas, por outro lado, eu vejo também que o professor tem que estar aberto para isso e tem que acreditar nisso e que não tem que ter preconceito. Não adianta, se não existe um professor que não tem essa preocupação, vai ficar por isso mesmo. Agora se existe um professor que está engajado, comprometido com essas questões, aí as coisas acontecem (Madalena, professora da EJA).

Vale a pena ressaltar que, nesta pesquisa, a formação continuada de professores da EJA é entendida como aquela que se desenvolve no próprio espaço escolar, no desenvolvimento da prática pedagógica, ou seja, nos processos de formação em serviço. De acordo com a Profª Vera Maria Candau (1997),

> considerar a escola como *locus* de formação continuada passa a ser uma afirmação fundamental na busca de superar o modelo clássico de formação continuada e construir uma nova perspectiva na área de formação continuada de professores (CANDAU, 1997, p. 57).

A autora acima citada ressalta, ainda, que a formação continuada de professores

> não tem incorporado a preocupação com a dimensão cultural da prática pedagógica. Estudos de especial interesse vêm sendo desenvolvidos por vários autores na perspectiva do reconhecimento da importância de se trabalhar no âmbito educativo questões relativas à diversidade cultural, étnica, às questões de gênero. Esta temática hoje é praticamente ignorada na formação continuada de professores (CANDAU, 1997, p. 67).

Esse limite fica evidenciado pelo depoimento da professora da EJA, que, ao ser perguntada se a sua formação inicial ou em serviço contemplou o tema das relações raciais e educação, afirmou:

> Assim... pensando na minha prática, por exemplo, quando surge um assunto desse a gente procura conversar com o aluno, saber o motivo e saber conversar com ele sobre isso. Não que a aula seja específica para isso, entendeu? Passa a ser uma discussão, uma conversa na sala de aula, mas com um atendimento

> específico; um projeto específico para isso não existe. Não vivenciei isso não! (Maria, professora da EJA).

Esse depoimento remete a uma crítica de Gimeno Sacristán (1995) sobre os programas de formação de profissionais da educação, os quais, muitas vezes, estão somente preocupados em transmitir a técnica. Ele adverte que

> educar e ensinar é, sobretudo, permitir um contato com a cultura, na acepção mais geral do termo, trata-se de um processo em que a própria experiência cultural do professor é determinante. Neste sentido, é importante repensar os programas de formação de professores, que têm uma incidência mais forte nos aspectos técnicos da profissão do que nas dimensões pessoais e culturais (SACRISTÁN, 1995, p. 67).

Entendemos, assim como os autores citados, que a formação continuada de professores é um direito e deve ser garantida no espaço da escola. No entanto, nem sempre esse processo se torna uma realidade nas escolas devido a vários fatores: políticos, pedagógicos, de organização do tempo e do espaço, de articulação e de interesse dos docentes. A pesquisa realizada confirma que temáticas como a diversidade cultural, de um modo geral, e a questão racial, em particular, ainda encontram dificuldade de fazer parte dos processos de formação continuada em geral e, sobretudo, na EJA. Durante os 9 (nove) meses que fiquei em campo, pouquíssimas vezes a temática racial foi contemplada na formação em serviço de professores e durante as aulas observadas. Nesse sentido, a questão racial consiste em mais um dos desafios atuais que está posto para o campo da formação de professores que lidam com a EJA[12].

Os relatos das professoras entrevistadas e as observações em campo revelam que o compromisso de superação das barreiras do preconceito e da discriminação racial, que permeia a formação e o imaginário da nossa população brasileira, constitui-se em uma tarefa diária na escola e na EJA. O trabalho de forma sistematizada na sala de aula acerca dessas questões ainda não foi incorporado como uma competência profissional a ser realizada na formação inicial e continuada da EJA, limitando-se à existência ou não da sensibilidade das docentes, da trajetória de vida e das experiências com a questão racial vivida pelas profissionais. Essas tanto podem impulsionar um trabalho pedagógico afirmativo e positivo, quanto pode resultar em medo, afastamento e silenciamento do docente diante da questão racial.

Afinal, por que é tão importante para os professores da EJA incorporar a questão racial na sua formação inicial e continuada como uma competência pedagógica e profissional? No Brasil todos não são considerados iguais? Será que o conhecimento de tais questões interfere na sua prática

[12] Não posso deixar de mencionar que no ano de 2004, quando a escola pesquisada realizou um agrupamento sobre diversidade cultural, a questão racial foi pontuada. No entanto, não houve continuidade dessa discussão no ano seguinte. Esse é um dos problemas sérios da prática do agrupamento. Pode-se trabalhar questões sociais consideradas complexas e merecedoras de uma discussão mais aprofundada somente no período do agrupamento, não se voltando mais a elas. Nesse sentido, ela não rompe com a rigidez da lógica conteudista do currículo, uma vez que ainda se concretiza de forma linear e cumulativa. Mudar essa prática e essa postura é também um dos desafios da EJA.

educativa em sala de aula? Questões como estas serão discutidas a seguir.

2.2 A formação continuada de professores da EJA e a Questão Racial

Cada vez mais, os professores da EJA têm de lidar com várias situações: a especificidade socioeconômica do seu aluno, a baixa auto-estima decorrente das trajetórias de desumanização, a questão geracional, a diversidade cultural, a diversidade étnico-racial, as diferentes perspectivas dos alunos em relação à escola e às questões e dilemas políticos da configuração do campo da EJA como espaço de direito do jovem e do adulto, principalmente, os trabalhadores. O Prof. Pablo Gentili ressalta que, "*ainda hoje, 39 milhões de analfabetos absolutos estão, na* América Latina, *a marca inocultável do apartheid escolar [...] assim, que todos tenham acesso à escola não significa que todos tenham acesso ao mesmo tipo de escolarização*" (GENTILI, 2001, p. 37).

Estudos recentes[13] destacam que o contexto e os processos vividos pelo alunado da EJA não devem ser compreendidos e analisados somente pelo viés da desigualdade social, mas também pela desigualdade racial, pois "é urgente alargar nossa percepção acerca das dimensões formativas nos tempos e espaços escolares, nas relações que são constituídas no cotidiano. Pensar uma escola inclusiva

[13] Cf. CANEN (1997 - 2001), CASTRO (2004), CUNHA e SILVA (2004), GOMES (2005), GONÇALVES e SILVA (2000), MUNANGA (2001), NOVÓA (1995), OLIVEIRA (1999), VIEIRA (1999), entre outros.

é conferir relevo ao sujeitos e elaborar entre eles, e com eles, um projeto a ser vivido dia-a-dia" (CUNHA; SILVA, 2004, p. 181).

Wania Sant'Anna (2003) realizou um extenso estudo demonstrando que, para o entendimento profundo dos índices da taxa de analfabetismo no Brasil, é necessário desagregarmos categorias como a raça/cor, o gênero e a idade, como podemos verificar abaixo, na tabela 1.

Tabela 1

Taxa de analfabetismo de pessoas de 10 anos ou mais por sexo e cor ou raça, segundo a faixa etária – Brasil, 1992 e 2001

Faixa Etária	*Pessoas de 10 anos ou mais analfabetos por sexo e cor ou raça*											
	Homens						Mulheres					
	Total de homens		Brancos		Afrodescendentes		Total de mulheres		Brancas		Afrodescendentes	
	1992	2001	1992	2001	1992	2001	1992	2001	1992	2001	1992	2001
Total	**16,3**	**11,5**	**9,2**	**6,8**	**24,8**	**17,0**	**16,6**	**11,2**	**10,6**	**7,3**	**24,5**	**16,1**
10 a 14 anos	15,0	5,3	6,3	2,4	23,4	8,1	9,7	3,1	4,2	1,5	15,2	4,5
15 a 24 anos	10,8	5,3	5,4	2,7	16,2	7,9	6,5	3,1	3,5	1,5	10,0	4,8
25 a 44 anos	12,7	10,0	6,7	5,2	20,5	15,7	12,5	7,6	6,7	4,1	20,5	12,1
45 a 59 anos	22,9	17,0	13,5	9,5	36,1	27,2	28,3	18,2	17,7	10,4	43,9	29,7
60 anos e +	37,5	31,3	24,9	20,8	55,7	47,5	46,5	36,1	34,4	26,0	66,0	53,5

Fonte: IBGE/PNAD. Elaboração: IPEAD/DISOC.
Nota: Exceto a população rural de Rondônia, Acre, Amazonas, Roraima, Pará e Amapá.

Tais índices nos revelam que a taxa de analfabetismo no Brasil atinge de forma mais acentuada a população afro-descendente. Na mesma direção, a pesquisa acerca da *Desigualdade Racial no Brasil: Evolução das Condições de Vida na Década de 90,* realizada pelo Instituto de

Pesquisa Econômica Aplicada (IPEA), revela que o Brasil é um país marcado por desigualdade social, econômica e, principalmente, racial.

A pesquisa do IPEA constatou que

> "8% dos jovens negros/as entre 15 a 25 anos eram analfabetos, em relação a 3% de brancos; 5% dos jovens negros entre 7 e 13 anos não freqüentaram a escola e somente 2% dos jovens brancos da mesma faixa etária o não fizeram; a escolaridade média de um jovem negro de 25 anos de idade gira em torno de 6,1 anos de estudo, um jovem branco da mesma idade tem cerca de 8,4 anos de estudo."

Portanto, os dados que incidem, sobretudo, na escolarização dos jovens e adultos negros revelam uma profunda desigualdade nas trajetórias de negros e brancos em nosso País.

Essa situação de desigualdade racial revelada pelas pesquisas oficiais atinge o segmento negro nos diversos setores da sua vida, inclusive na educação escolar. Sendo assim, o campo da formação continuada de professores da EJA não poderá ficar ausente dessa discussão e terá de pensar alternativas e estratégias pedagógicas para superar essa situação. Como ressaltam as professoras da EJA:

> De vez em quando, a gente está falando e surge uma oportunidade, eles falam assim: "Só por que é preto a polícia pega a gente". Entendeu? Já saiu esses assuntos em sala. A gente percebe assim que eles chegam para gente e falam: "A polícia correu atrás da gente por que é preto"; "Viu? A gente na rua... a polícia foi lá e vistoriou a gente". Isso eu já ouvi várias vezes eles falarem.

> **Às vezes, essas falas passam despercebidas e a gente não dá muita atenção como deveria dar. Pela nossa própria experiência, nossa própria prática, ainda não temos essa reflexão mais profunda do assunto.** De vez em quando, a gente ouve, falando dessa discriminação que eles têm aí fora (Maria, professora da EJA, grifo nosso).

> **Uma coisa tão do seu cotidiano e você nunca parou para pensar nisso, eu não sei até que ponto é um preconceito inconsciente, eu estou me questionando isso agora.** Se é um preconceito inconsciente ou se realmente é por que você fica tão ligado em questões como a mídia, o branco sempre no seu olhar, você sempre o vendo na televisão e na revista. **Parece que, agora, até que começou a diminuir. Ainda bem, eu comecei a fazer um trabalho de montar um calendário, com gravuras lindíssimas de Angola** (Madalena, professora da EJA, grifo nosso).

Os depoimentos acima revelam que as professoras percebem a importância do trabalho com a questão racial, sobretudo quando lidam com jovens e adultos negros e pobres da EJA. Elas percebem a lacuna dessa discussão na sua formação, tentam criar estratégias alternativas, porém suas opiniões e sua intervenção pedagógica ainda se encontram baseadas no seu pouco conhecimento sobre o tema e muito coladas à opinião e vivência pessoais. Diante disso, concordo com os pesquisadores sobre relações raciais já citados nesse trabalho de que não se pode refletir e propor estratégias de superação das desigualdades sociais na escola e na EJA sem estabelecer estratégias de combate ao preconceito e à discriminação racial no Brasil.

E mais, é preciso discutir a questão socioeconômica e de classe de maneira conjunta, na formação inicial e continuada dos professores. Há um grande desentendimento sobre a seriedade e o peso dessas questões na vida dos alunos. A escola é a instituição social que pode ajudar em um processo de educação para a diversidade étnico-racial. Mas, para tal, é preciso que os professores vivenciem na sua trajetória escolar e profissional momentos formadores em que a diversidade étnico-racial seja discutida, estudada, problematizada e vista de forma positiva. Essa discussão precisa ser inserida no currículo.

De acordo com Petronilha Beatriz Gonçalves e Silva (2001), o currículo formal e o currículo em ação atualmente em vigor nas escolas, ao apresentar lacunas e distorções sobre a questão racial, têm contribuído para a formação de uma identidade dos alunos negros que nega suas raízes étnicas e culturais, buscando outras com as quais estes alunos não se identificam positivamente. As práticas racistas, segundo a autora, constroem-se e são repetidas a partir de preconceitos, frutos da ignorância que grupos étnicos tidos como superiores têm acerca da história e do modo de vida daqueles considerados inferiores.

Essa autora considera fundamental o papel do professor no combate ao racismo que incide sobre a população negra e recomenda que, em todas a áreas de conhecimento, esses profissionais devem ficar atentos para "as africanidades brasileiras, isto é, ao legado africano, à herança que mulheres e homens escravizados deixaram para nós, povo brasileiro" (SILVA, 2001, p. 172).

Tomaz Tadeu Silva (1999) destaca a importância das teorias críticas do currículo para o trato com a diversidade cultural existente nas escolas. Essas teorias problematizam a concepção do currículo formal que privilegiou por muito tempo a representatividade da cultura hegemônica dominante. Ele acrescenta que, tanto na elaboração curricular quanto na formação de professores, torna-se necessário discutir sobre os valores de outras culturas que estão presentes no universo escolar e tiveram suas vozes silenciadas.

Maria Aparecida da Silva (2001) afirma que a formação de educadores envolvidos no combate ao racismo nas escolas brasileiras é uma tarefa essencial. Essa autora ressalta ainda que, por meio de lutas e pressões do movimento negro, podemos constatar avanços significativos presentes nos documentos oficiais, como é o caso dos Parâmetros Curriculares Nacionais (PCNs), ao abordarem questões que envolvem e discutem as relações raciais no âmbito escolar.

Ao perguntar às professoras se elas consideram que existe uma lacuna na sua formação inicial ou continuada no que tange à diversidade cultural, elas disseram que:

> Agora, sem dúvida, se você tem uma formação específica, uma bibliografia específica e tem uma formação mais profunda no assunto dá uma tranqüilidade muito maior para você discutir isso com os alunos. Mesmo em termos de materialidade, você pode pegar aquela fala e enriquecer aquilo, trazer outras experiências para os alunos, falta isso mesmo (Maria, professora da EJA).

Nesse sentido, o Prof. Ricardo Vieira (1995) nos diz:

> De facto se aprende a ser professor, aprende-se a ensinar para a diversidade, aprende-se a ser um professor intelectual; duvido é que o actual sistema de formação de professores possa ensinar tal metodologia. Os que vi praticarem-na, tenho os vindo a estudar em profundidade, e acredito que o fazem porque são eles próprios cidadãos interculturais, pessoas que atravessaram no percurso da sua própria vida uma diversidade de contextos culturais, que entenderam porque eventualmente foram mediados por adultos cujo etnocentrismo estava já bem relativizado (VIEIRA, 1995, p. 144-145).

Cleide Leitão (2004) nos alerta para o fato de que o processo de formação de professores da EJA deve ser visto como um constante processo de autoformação. A pesquisa realizada revela que a formação continuada dos professores da EJA para a diversidade deverá possibilitar um processo de percepção e de deslocamento da compreensão sobre o outro, da relação humana, da diversidade cultural e da afirmação da identidade étnico-racial em um campo majoritariamente negro e pobre da educação brasileira. Essa autora ressalta:

> Quando mudamos o modo de perceber e deslocamos a compreensão para o que ocorre e para como ocorrem as práticas educativas; para as relações entre os principais envolvidos; para o que produzem de sentidos e significados; para as formas de produção, reprodução, criação e recriação dessas práticas; para o que o processo produz, apesar de todas as adversidades, de todas as faltas e ausências, de tudo o que ainda há para conquistar, seja em termos de condições para o desempenho da função, seja no tocante ao necessário investimento em processos de formação/autoformação, nos

> surpreendemos com a criatividade, as alternativas e as riquezas que junto às ausências estão presentes no cotidiano educativo (LEITÃO, 2004, p. 145).

A autora acima citada chama-nos a atenção para uma formação que valorize a reflexão sobre a prática dos professores na escola e que esse espaço de formação em serviço pode ser capaz de ajudar na transformação de contextos e causar uma mudança na trajetória dos sujeitos e dos seus alunos e suas alunas. A meu ver, a formação continuada de professores da EJA para a diversidade étnico-racial passa, também, pelo reconhecimento do professor e da professora como sujeitos que produzem saberes. Dentre eles, estão os saberes sobre a diversidade, os quais são aprendidos em uma sociedade racista, sexista e marcada pela desigualdade social e por isso precisam ser mudados, reaprendidos e superados.

Nesse sentido, por mais ricos que sejam os saberes sobre a questão racial construídos pelos professores na sua experiência social, eles sempre poderão estar marcados por preconceitos que precisam ser superados. Concordando com o filósofo Bernard Charlot (2000): "A relação com o saber é a relação com o mundo, relação consigo mesmo, relação com os outros." Analisar a relação com o saber é analisar uma relação simbólica, ativa, temporal. Essa análise concerne à "relação com o saber que um sujeito singular inscreve num espaço social" (CHARLOT, 2000, p. 78). Analisar a produção do saber docente sobre a questão racial e como este interfere na sua relação com os alunos negros e brancos é algo mais complexo ainda. Essa discussão é muito incipiente no campo da educação em geral e da EJA, em particular.

A problematização sobre a questão racial na formação continuada dos professores da EJA, possibilitada pela entrevista realizada com as professoras e pelo processo de observação participante da escola em questão, só confirma o que vários pesquisadores do campo da EJA, da educação e de movimentos sociais já afirmaram: o processo de escolarização de jovens e adultos não se limita à mera aquisição de leitura e da escrita e sim à ampliação da visão de mundo e do universo sociocultural dos alunos. Esse movimento precisa afetar também a própria formação e a prática dos professores da EJA. Segundo Arroyo (2001):

> Há algo de mais profundo na percepção e valorização dos saberes e da cultura popular. Trata-se de incorporar uma das matrizes mais perenes da formação humana, da construção e apreensão da cultura e do conhecimento: reconhecer a pluralidade de tempos, espaços e relações, onde nos constituímos humanos, sociais, cognitivos, culturais... Reconhecer a cultura como matriz da educação (ARROYO, 2001, p. 17).

Consideramos, então, que um importante passo para a construção de novas práticas da EJA que valorizem a dimensão relacional e a diversidade étnico-racial do alunado poderá ser um investimento maior na formação continuada do mesmo. Esse profissional poderá ser um dos sujeitos principais na construção de uma prática educativa da EJA que reconheça a dimensão relacional e valorize as culturas e as múltiplas identidades de si mesmo e dos alunos com os quais atua.

Capítulo 3

TEMAS SOCIAIS PRESENTES NA VIDA DOS SUJEITOS, MAS INVISÍVEIS NO TEMPO E ESPAÇO DA FORMAÇÃO CONTINUADA NA EJA

> "O que venho propondo é um profundo respeito pela identidade cultural dos alunos – uma identidade cultural que implica respeito pela língua do outro, cor do outro, gênero do outro, classe social do outro, orientação sexual do outro, capacidade intelectual do outro; que implica na capacidade de estimular a criatividade do outro. Mas essas coisas ocorrem em um contexto social e histórico, e não no ar puro e simples. Essas coisas ocorrem na história..."
>
> *(Paulo Freire)*

3.1 Tempo e espaço da diversidade: a questão racial

Sabemos que o quadro de desigualdades e exclusão social revelado pelas pesquisas oficiais se faz presente na educação escolar de maneira geral. Porém esse quadro tem afetado de maneira mais direta o segmento pobre e negro da população. Ao constatarmos o grande número de jovens e adultos negros em processo de exclusão social, questionamos: se as pesquisas revelam que a trajetória escolar dos alunos negros é mais acidentada do que a dos brancos, onde esse público se insere quando retorna para a escola?

Apesar de não termos pesquisas muito específicas sobre o assunto, os estudos sobre relações raciais e educação existentes nos levam a ponderar que, no Brasil, esse segmento deve estar localizado na EJA, ou seja, o campo da EJA em nosso País possui como uma de suas características fundamentais não somente o recorte socioeconômico e geracional, mas também de raça[14].

Gomes e Silva (2002) revelam a pouca penetração da questão racial na formação de professores de um modo geral e, nesse caso, podemos inferir que esta ainda se faz mais incipiente quando lidamos com o campo da EJA.

Dessa forma, podemos vislumbrar que um importante passo para a construção de novas práticas da EJA que valorize a diversidade étnico-racial do alunado poderá ser um investimento maior na formação inicial e continuada desse professor dentro do amplo leque de discussões sobre a diversidade cultural em nosso País.

Nessa direção, Nilma Lino Gomes (2004) assegura:

> As desigualdades raciais que acontecem historicamente na sociedade brasileira foram, aos poucos, sendo naturalizadas. Esse processo contribui para a produção de uma reação perversa entre nós: ao serem pensadas como processos naturais, essas desigualdades tornam-se imperceptíveis. E, mesmo quando percebemos, muitas vezes não reagimos a elas, pois nosso

---

[14] Gomes (2005) esclarece que, quando o movimento negro e os pesquisadores das relações raciais trabalham com o conceito de "raça", eles o ressignificam. Trabalha-se "raça" como uma construção social, histórica e política. Reconhece-se que, do ponto de vista biológico, somos todos iguais, porém, no contexto da cultura, da política e nas relações sociais, a "raça" não pode ser desconsiderada: ela tem uma operacionalidade na cultura.

> olhar docente e pedagógico está tão "acostumado" com essa realidade social e racial na escola, que tendemos a naturalizá-la e não a questionarmos (GOMES, 2004, p. 84-85).

Dessa forma, as professoras entrevistadas, quando questionadas sobre o lugar da questão racial na EJA, afirmam:

> Eu acho que **a Educação do negro no Brasil... Nem sei se eu podia chamar de educação, porque, para falar a verdade, é um mito, falar no negro ainda no Brasil é falar de um mito.** Porque a gente brasileira... o Brasil não é um País que exerce a cidadania, então é um País que fala de cidadania, mas ele não exerce. (Joana, professora da EJA, grifo nosso).

> Eu acho que o Brasil precisa de um comprometimento, um compromisso maior em relação à raça negra, um olhar diferente nesse sentido de começar a trabalhar mesmo na base, ter uma vontade política. Não é que isso resolva, **mas que dê oportunidade para os menos favorecidos, que infelizmente são uma grande quantidade de negro, da raça negra** (Madalena, professora da EJA, grifo nosso).

Os depoimentos das professoras vêm confirmar a sua percepção sobre a lacuna existente no campo da formação inicial ou continuada dos professores e, no caso específico da EJA, sobre a temática racial. A questão que se coloca é: o reconhecimento da lacuna provoca a instauração de novas práticas? Provoca a construção de uma relação ética com os jovens e adultos negros da EJA em sala de aula? Possibilita a organização das professoras, na escola, em torno de projetos e práticas que possam superar essa lacuna e trabalhar a questão racial de forma afirmativa e positiva? Lamentavelmente, essas ações não foram percebidas de forma sistemática durante o tempo dessa investigação.

3.1.1 Tempos e Espaços marcados por Lutas e Violências

O fenômeno da violência é outro aspecto acerca do tempo e espaço da EJA que atualmente merece a nossa atenção. Durante as observações feitas na sala de aula, eram recorrentes os comentários sobre a incidência da violência a qual os alunos da EJA estavam expostos, principalmente nos fins de semana. Um dos comentários que me chamou a atenção e deixou tanto a turma quanto a professora bastante inquieta foi de uma jovem, ao falar que foi convidada a participar do tráfico de drogas. Ela relatou essa experiência da seguinte forma:

> Eu tenho muito medo da polícia, mas por esse valor eu faria muita coisa, principalmente na época de Natal. Para participar dessa vida a pessoa tem que ficar na atividade. E se eles me pegarem, não vou delatar ninguém para quando eu voltar na favela subir o morro de cabeça erguida (aluna da EJA, *Diário de Campo*, 6/12/2004).

Diante do comentário dessa aluna, percebemos que o tempo e espaço da EJA, atualmente, é marcado pela presença de jovens e adultos com diferentes trajetórias de vida e pertencimentos étnico-raciais que, na maioria das vezes, constroem suas identidades e vivem sua trajetória de vida e escolar não somente no contexto da desigualdade social e racial, mas também de luta pela sobrevivência e da violência. Por isso, se no campo da educação, de um modo geral, é necessário que os profissionais tenham como competência profissional a sensibilidade diante dos duros processos de formação humana, na EJA esta se torna imprescindível.

A pesquisadora Maria Fernanda Peres (2004) adverte que:

> a população jovem de sexo masculino é a mais afetada, com taxas de mortalidade extremamente elevadas entre as idades de 15 e 24 anos. Considerando o total de óbitos por homicídios na população jovem no ano 2000, 93,3% dos casos ocorreram na população masculina e 6,7% na população feminina.

Vale a pena ressaltar que as vítimas potenciais do alto índice da violência por armas de fogo, constatada nessa pesquisa, são os jovens negros, do sexo masculino, como podemos perceber abaixo na tabela 2.

Tabela 2

Coeficiente de mortalidade por homicídio (/100.000) Brasil, 1991-2000

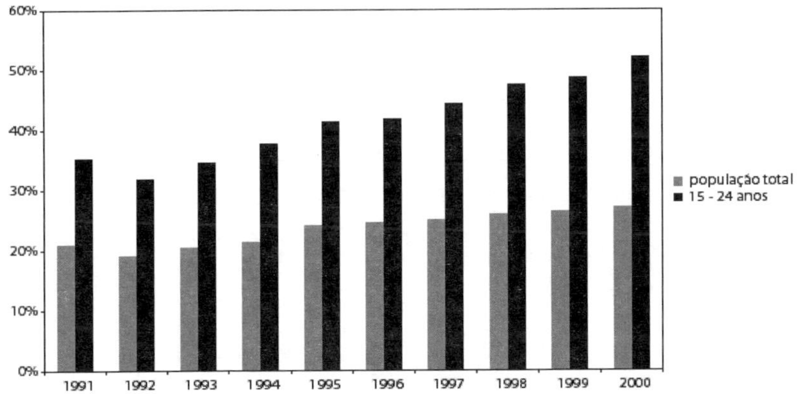

Fonte: Waiselfisz, J. Mapa da Violência III – os jovens do Brasil. UNESCO, 2002.

Outro dado importante que deve ser analisado é exposto pela pesquisadora Sant'anna (2003), quando constata que

> na região Sudeste, 8,2% dos domicílios chefiados por afro-descendentes estavam segregados nas favelas. Nessa Região, o percentual de domicílios chefiados por brancos localizados nas favelas era de 3,6%. Em 2001, 1.722.016 pessoas viviam em favelas, destes 1.030.419 são afro-descendentes, ou seja, 59,8%.

Os dados comprovam aquilo que o Movimento Negro sempre denunciou: a violência e a pobreza incidem diretamente na vida dos jovens, na sua maioria negros e moradores de periferia, público cada vez mais presente na EJA[15]. Os dados revelam ainda que o Brasil atualmente se encontra em estado de calamidade social, em que, a cada dia, a população juvenil afro-descendente morre de forma mais brutal.

Ao analisar o crescente número de casos de homicídios que incide sobre essa população, o pesquisador Sérgio Adorno (2002) relata que "isso significa que a proteção principal, que é a do direito à vida, não está garantida para todos os cidadãos. Este é um grande desafio para nossa sociedade: o fato de que, do ponto de vista da segurança, os cidadãos também não são iguais, alguns estão mais expostos à violência do que outros" (ADORNO, 2002, p. 106).

---

[15] Cf. ABRAMO (2005), ANDRADE (2004), ARBACHE (1999), BRUNEL (2004), CASTRO (2004), DAYRELL (2005), DAYRELL e GOMES (2005), HADDAD e DI PIERRO (2000), SPÓSITO (1999) OLIVEIRA (1999).

De acordo com a professora da EJA entrevistada, diante do fenômeno da violência, a escola se sente impotente para realizar alguma intervenção ou mudança. Diante de situações tão trágicas que afetam a vida e a existência dos seus alunos:

> Nós aqui não temos muito o que fazer, o que pode ser feito é o que acontece sempre. Eles chegam com notícias que lá em cima está terrível, com toque de recolher, teve tantos assassinatos, mãe telefona para cá pedindo para o filho ir embora mais cedo. **O pai que se preocupa, que sabe que o filho está aqui na escola e pede para ir embora, a gente fica sabendo dessas coisas, desses problemas a direção nos informa (Maria, professora da EJA, grifo nosso).**

Já outra professora percebe que a incidência da violência interfere tanto na rotina da aula quanto na vida do alunado que, na sua opinião, sente prazer de estudar. Ela diz:

> Essa questão da violência é uma constante e é interessante que o medo faz com que alguns alunos desistam da escola, do prazer de vir, por que eu acredito que, para eles, é prazer. Pelo menos nas salas que eu vi, eles vinham prazerosamente para a escola, eles não vinham por obrigação (Madalena, professora da EJA).

Diante da apresentação desses dados e dos relatos acerca do fenômeno da violência, que nos dias atuais não se restringe somente a um determinado público específico e até mesmo a uma determinada instituição, tornando-se uma constante, consideramos que tal reflexão precisa ser incorporada de forma mais sistematizada na formação continuada de professores e deve ser considerada na organização do tempo e espaço da escola da EJA.

A escola poderia ser, talvez, parceira da comunidade na luta pela construção de políticas públicas para a juventude da periferia. Também poderia perceber-se como um espaço acolhedor para esses sujeitos. A escola, no seu interior, sobretudo na Educação de Jovens e Adultos, terá que se construir como um espaço pautado na ética, na solidariedade e no respeito diante das condições indignas de vida vivenciadas pela comunidade em situação de risco e violência. Por isso, não há como fugir de uma discussão sobre a violência, a urgência de políticas públicas e a relação destas com a questão racial. Segundo Adorno (2002), no momento atual, a escola se apresenta como um espaço muito importante e com uma tarefa essencial:

> **O que a escola pode nos ensinar é como lidar com a diversidade e com o outro**. Quando entramos numa escola, temos de saber que naquele espaço há brancos e negros, homens e mulheres, adultos e crianças, ricos e pobres. O espaço da escola, enquanto espaço ético, tem de proporcionar o aprendizado da convivência com os diferentes; em qualquer sociedade é difícil lidar com a diferença, mas é possível aprender as regras de uma convivência com os diferentes. Cabe à escola um papel extremamente importante no que diz respeito a esse aprendizado (ADORNO, 2002, p. 126-127, grifo nosso).

3.1.2 EJA: tempo e espaço das juventudes

Atualmente, o fenômeno do rejuvenescimento da EJA é algo visível nessa modalidade de educação. Alguns estudos realizados discutem que, "olhar as juventudes[16] pela ótica da educação e, particularmente, da Educação de Jovens e Adultos, é um grande desafio" (ANDRADE, 2004, p. 44).

A autora acima citada nos diz que

> valorizar o retorno dos jovens pobres à escolaridade é fundamental para torná-lo visível, já que representa a chance que, mais uma vez, esses jovem está dando ao sistema educacional brasileiro de considerar a sua existência social, cumprindo o direito constitucional de todos os cidadãos terem acesso à escolaridade básica. (ANDRADE, 2004, p. 51)

De acordo com Sergio Haddad e Maria Di Pierro (2000), a EJA passou por profundas mudanças desde a sua formulação inicial, ou seja, em seus processos e práticas informais (campesina) a formais (urbana) relacionadas à aquisição ou à ampliação de conhecimentos básicos, de competências técnicas e profissionais ou de habilidades socioculturais.

Esses autores nos dizem que o perfil dos estudantes da EJA assume uma nova identidade a partir do final século XX. Com isso, emerge um novo desafio para a Educação de

---

[16] O conceito de Juventude tem sido amplamente discutido. De acordo com Dayrell (2005), a juventude é, ao mesmo tempo, uma condição social e um tipo de representação. Se há um caráter universal dado pelas transformações do indivíduo numa determinada faixa etária, nas quais completa o seu desenvolvimento físico e enfrenta mudanças psicológicas, é muito variada a forma como cada sociedade, em um tempo histórico determinado e no seu interior, cada grupo social vai lidar e representar esse momento. Essa diversidade se concretiza nas condições sociais (classes sociais), culturais (etnias, identidades, religiosas, valores), de gênero e também das regiões geográficas, dentre outros aspectos (DAYRELL, 2005).

Jovens e Adultos, sobretudo com a entrada dos jovens no seu programa, diferentemente das décadas anteriores, que atendiam adultos oriundos de origem rural. Há mais de duas décadas, os jovens atendidos na escolarização da EJA são de origem urbana cuja trajetória escolar anterior foi mal-sucedida.

Ao perguntar a uma das professoras entrevistadas como ela percebia a presença cada vez maior de jovens na EJA e se isso se refletia no desenvolvimento da sua prática pedagógica, a resposta dela foi a seguinte:

> **"Ninguém quer trabalhar com os jovens! [...] o jovem que te tira do sério! [...] com certeza, [é] um desafio, uma renovação.** Eu acho que o professor se coloca ainda num lugar muito de poder, sabe? Muito de achar que eu posso fazer aquilo, que eu dou as ordens, eu que dito as regras e não é por aí!" (Joana, professora da EJA, grifo nosso).

O debate atual acerca da juventude, pensada na ótica da diversidade, instiga o professor, a considerá-la não mais presa a critérios rígidos, mas sim como parte de um processo de crescimento mais totalizante, que ganha contornos específicos no conjunto das experiências vivenciadas pelos indivíduos no seu contexto social (DAYRELL, 2005).

Carmem Brunel (2004), ao refletir sobre a juventude presente na EJA, diz-nos que "precisamos repensar o espaço escolar e dessa maneira agirmos para mudar aquilo que não serve mais, que não acrescenta muito e trabalharmos na construção de novas relações entre os sujeitos que ocupam este espaço" (BRUNEL, 2004, p. 23).

Nessa direção, o fenômeno do rejuvenescimento da EJA foi acompanhado por mim durante as observações feitas na escola e esteve presente também nos relatos das professoras da EJA. O jovem que atualmente integra a EJA apresenta novas demandas para os professores além da aquisição do processo de ensino e aprendizagem. Eles trazem consigo experiências de vida, anseios, medos, planos e desejos. O professorado da EJA, nessa situação, têm de lidar então com dois universos geracionais bastante distintos no seu cotidiano da sala de aula. Assim afirma a professora:

> "Agora uma coisa que a gente observou que tem sido falado muito nas reuniões é que até então, o ano passado, a gente tinha uma clientela muito grande de alfabetização. Esse ano não sei se pela propaganda do que a gente fez no ano passado vieram muitos jovens que já estão no final de terceiro ciclo. Com o grande número de jovens bem avançados, então esse ano **a gente tem uma demanda diferente aí que a gente tem de olhar com atenção** [...] atender esses alunos que desejam o vestibular, que desejam aprofundar aí nos estudos, freqüentar uma escola é o sonho deles de estar aí e ir para frente num concurso, enfrentando um vestibular. **Eu acho que é um grande desafio para nós ainda**!" (Maria, professora da EJA, grifo nosso).

Nesse sentido, a organização do tempo e espaço na formação continuada de professores da EJA requer também refletir sobre o perfil das juventudes que estão inseridas nessa modalidade de educação.

Capítulo 4

OS LIMITES E AS POSSIBILIDADES DO TRABALHO COM A QUESTÃO RACIAL NA EJA

"Chegará o tempo em que nossa nação honrará a memória de todos os filhos/as, mães, pais, dos jovens e crianças que, em pensamentos e atos, nos deram o direito de afirmar com orgulho que somos sul-africanos, que somos africanos e que somos cidadãos do mundo."

(Nelson Mandela)

4.1 Refletindo sobre os limites

Todos os dias, ao chegar à escola para a realização do trabalho de campo, percebia que os jovens e os adultos, ao adentrarem o portão, quase sempre em grupos, apresentavam um semblante bastante alegre. Mas o que mais chamava a minha atenção era a esperança que eles traziam consigo, sobretudo em *tempos de desesperança*. Entre eles, eram compartilhados sonhos, desejos, planos, frustrações e realizações. Neste momento, a escola torna-se um universo em que as relações sociais se intercruzam em um mesmo tempo e espaço demarcados por diferentes elementos sociais, culturais, raciais, geracionais e históricos.

A pesquisa apontou a necessidade de se discutir a diversidade cultural e a questão racial na formação continuada de professores[17] da EJA, faz-se necessário entender a EJA como um espaço sociocultural. Isso significa compreender os jovens e os adultos como sujeitos integrais, afetivos, históricos, cognitivos, sociais, culturais, marcados pela corporeidade, pela dimensão geracional e pela diversidade étnico-racial. A EJA, como um espaço sociocultural, é permeada de tensões, relações, contradições, representações e valores.

De acordo com Dayrell (2001):

> Analisar a escola como espaço sócio-cultural significa compreendê-la na ótica da cultura sob um olhar mais denso que leva em conta a dimensão do dinamismo, do fazer-se cotidiano, levado a efeito por homens e mulheres, trabalhadores e trabalhadoras, negros e brancos, adultos e adolescentes, enfim alunos e professores, seres humanos concretos, sujeitos sociais e históricos, presentes na História. Falar da escola como espaço sócio-cultural implica, assim, resgatar o papel dos sujeitos na trama social que a constitui enquanto instituição (DAYRELL, 2001, p. 136).

Mas será que as professoras entrevistadas percebem a EJA como espaço sociocultural? Será que elas percebem ou acham importante o enfoque da questão racial nesse contexto sociocultural tão diverso e, ao mesmo tempo, majoritariamente negro e pobre?

---

[17] Os sujeitos professores não são apenas profissionais. Embora o magistério seja parte significativa de sua experiência e identidade, eles vivenciam em seu cotidiano outras práticas e espaços sociais, como a família, o lazer e a cidade (TEIXEIRA, 2001, p. 181).

Uma das professoras entrevistadas acredita que o trabalho com o enfoque na questão racial na EJA deve ocorrer de forma contextualizada. Ela ressalta:

> O que a gente queria dentro desse assunto é a valorização da raça negra. Por que aí **começaram as histórias, pipocaram as histórias de preconceito, eles trazem mil histórias mesmo, e a gente acha que é só na revista não na sala; entretanto, teve mesmo**: "Por que ela era negra e não deixou ela entrar no elevador, o porteiro era branco", sabe? Essas questões todas foram discutidas na sala de aula. Aí chegamos à conclusão do preconceito. Aí fomos olhar o que era isso, pesquisar o que era o preconceito, essas coisas todas. **Mas o mais interessante é que a EJA é o momento riquíssimo para se trabalhar isso. Fazer esse resgate na EJA também!** (Madalena, professora da EJA, grifo nosso).

No entanto, essa preocupação de oportunizar momentos para a construção de uma reflexão acerca da diversidade étnico-racial ainda não é uma realidade presente no cotidiano de toda a escola. Joana Célia Passos (2002) nos diz que,

> "por considerar que "todos são iguais", a escola trata de uma única cultura, socialmente mais valorizada e aceita como válida, ou seja, a cultura do colonizador eurocêntrica, masculina, branca, heterossexual e cristã. [...] com isso, muitas vezes impossibilita aos jovens e adultos, oriundos das camadas populares e pertencentes em sua grande maioria da população afro-brasileira, a construção da sua identidade étnico-racial de forma positiva" (PASSOS, 2002, p. 23).

Podemos observar, segundo a autora, que a visão e a postura da escola e da EJA sobre a diversidade, de maneira geral, ainda estão alicerçadas no mito da democracia racial. Dessa forma, quando refletimos sobre as conseqüências desse mito e como ele interfere no trabalho pedagógico com a questão racial dentro da EJA, não podemos deixar de considerar como isso pode afetar a construção da identidade étnico-racial de jovens e adultos negros.

Durante o trabalho de campo, no decorrer da aula que tinha como tema o "Trabalho", a professora fez uma alusão a este tema comparando-o com a escravidão. Ela afirmou que "somos todos escravos na lógica do capital". Entretanto, alguns alunos reagiram e apresentaram outras opiniões sobre o assunto, discorrendo sobre como a discriminação racial ocupa um lugar específico na relação do negro com o mercado de trabalho. Os depoimentos revelam que a raça age de forma articulada ao capital e que uma coisa não se confunde com a outra. Além do mais, há aqui outra complexidade: apesar de não mais ser escravo, no contexto da desigualdade social e racial, a população negra e pobre não goza do real estatuto de cidadania. Tudo isso é aproveitado e manipulado pelo capital.

> Como eu trabalho na varrição de rua, percebo como somos discriminados, mas eu não estou nem aí, tenho muito orgulho da minha profissão, pois é ela que me dá o pão de cada dia (aluna da EJA, *Diário de Campo*, 28/3/2005).

> O meu irmão já sofreu discriminação racial quando foi disputar uma vaga num serviço. Mesmo ele fazendo

> o curso superior de Direito, ele sofre diversas situações de discriminação só por que ele é negro! (aluno da EJA, *Diário de Campo*, 25/4/2005).

Diante desses depoimentos, a professora não soube muito o que falar para os alunos. Durante a entrevista, ao ser perguntada se ela acreditava que o limite para o trabalho com a questão étnico-racial se restringia à formação de professores, ela disse:

> **Falar do negro hoje ainda é muito mito, porque ninguém nunca está no lugar do outro; várias coisas relevantes escapolem, assim o professor ainda não dá conta de abordar a questão racial.** Na universidade a gente não via nada disso! Eu nunca estudei sobre o negro na universidade não. Nunca foi abordada a questão do negro na universidade, essa questão propriamente de caracterizá-lo (Joana, professora da EJA, grifo nosso).

Os depoimentos dos alunos revelam que as relações de trabalho desiguais, muitas vezes, contribuem para que estes/as vejam a sua imagem de forma estigmatizada. Se não houver o empreendimento na formação tanto inicial quanto continuada de professores da EJA, é possível que a própria escola, por meio de análises superficiais e simplistas sobre a questão racial, acabe reforçando esse estigma.

Ao nos referirmos à forma estigmatizada como a identidade étnico-racial é vista na sociedade e na escola, reportamo-nos ao conceito de estigma trabalhado por Erwing Goffman (1995). Segundo ele, o estigma pode ser entendido como uma representação da identidade social de uma pessoa, trazendo consigo toda uma marca do seu grupo étnico-racial. Desta forma, quando um negro nos é apresentado, os aspectos visíveis como gênero e cor da pele se tornam símbolos de representações. Essa imagem pré-concebida nos dá uma espécie de radiografia antecipada que é analisada e o seu resultado vai determinar de modo geral o seu lugar no social. Esse tipo de representação que acompanha a trajetória dos negros brasileiros está presente nos diversos espaços sociais, e a escola é um deles.

No entanto, não podemos dizer que as professoras entrevistadas se encontram totalmente apáticas diante da questão. A pesquisa revela que elas sabem desse processo tenso, percebem o preconceito racial e o racismo, mas, na maioria das vezes, não sabem como intervir. Esse desconhecimento é acompanhado de um medo ao diferente, muito presente no Brasil e reforçado pelo mito da democracia racial anteriormente citado. Não cabe nesse texto acusar ou vitimizar as professoras, mas destacar que algo precisa ser feito e que só o reconhecimento do estigma e do preconceito não basta. Caso contrário, a questão racial na EJA sempre ficará no campo do desafio e nunca da intervenção pedagógica afirmativa.

Vejamos alguns depoimentos das professoras:

> **Aí, eu começo a ver as dificuldades, por exemplo, com a questão racial.** Eu tenho alunos que têm uma baixa estima por serem negros, **e aí é a hora que você tem de atuar no momento e fazer um trabalho também voltado para isso**! (Madalena, professora da EJA, grifo nosso).

> **Porque no meio do professorado, eu vejo a questão de racismo saindo pelos olhos, pelos ouvidos, por tudo, questões mínimas, eu vejo, sabe**? Assim, falas,

piadinhas que existem ainda entre nós, professores, mostram o preconceito racial. Não tão explícito, mas está implícito em determinadas questões em falas, em posicionamentos em relação, talvez, aos alunos... Aluno não é tão explícito não! (Madalena, professora da EJA, grifo nosso).

Ah, com certeza, um desafio! Uma renovação, porque o professorado vai ter de buscar alternativa de mudança de sua prática pedagógica, correr atrás do prejuízo, buscar gente boa para trazer para essa escola para ensinar como trabalhar. **É isso, mas o movimento da Educação é esse mesmo? A gente não sabe, tem que aprender com outro que sabe!** (Joana, professora da EJA, grifo nosso).

4.2 Desvendando possibilidades

Acreditar na força da dimensão relacional pode ser uma das possibilidades para o campo de formação continuada de professores da EJA, pois uma "educação devestida do caráter relacional se desumaniza; rouba do ser humano algo que é sua essência, sua razão de ser" (GIOVANETTI, 2003, p. 16).

Leôncio Gomes Soares (2001) esclarece que a compreensão da EJA deve ocorrer no âmbito de uma concepção mais ampla, que contemple os múltiplos processos de formação por meio da potencialização do sujeito jovem e adulto nas suas diversas dimensões.

Uma das possibilidades de valorização da auto-estima do alunado da EJA, adotada pela escola pesquisada, é a garantia da participação dos jovens e dos adultos em eventos artísticos-culturais fora da escola. Durante o tempo que estive em campo, ocorreram vários eventos artísticos-culturais tanto dentro quanto fora da escola. Dentre eles, cito duas experiências que presenciei junto com eles:

> O primeiro foi para assistir à apresentação do Grupo de Dança I Ato, no Teatro Francisco Nunes. No segundo, fomos assistir à peça da Companhia Italiana, intitulada *Valse,* dentro da programação do Festival Internacional de Teatro (FIT), na Praça da Estação (*Diário de Campo* 30/8/2004).

Durante a realização de ambos os espetáculos, observei que muitos daqueles jovens e adultos, até aquele momento, nunca haviam tido a chance de entrar em um teatro ou assistir a uma peça teatral em plena praça. Participar desses eventos significou, naquele momento, para eles um sentimento traduzido pela palavra inclusão. Nos relatos feitos por eles percebe-se que se sentiam incluídos numa "cultura" até então vista de forma inatingível.

Outra possibilidade para a ampliação da discussão da diversidade étnico-racial no campo da EJA consiste na implementação do ensino sobre História e Cultura Afro-brasileira a partir da Lei 10.639/03. Além disso, no dia 20 de novembro de 2004, em Belo Horizonte, foram promulgadas pelo Conselho Municipal de Educação, as Diretrizes Curriculares Municipais para o Ensino de História e Cultura Afro-brasileira e Africana. Acreditamos que ações como essas, que visam ao trato da cultura afro-brasileira pelo viés da positividade, constituem uma fonte de reflexão rica no processo de formação continuada de professores da EJA.

CONSIDERAÇÕES FINAIS

Sabemos que a resolução dos problemas históricos educacionais enfrentados pela educação pública do nosso País extrapola o cotidiano da sala da aula, e isso não depende somente do empenho do professorado, no caso específico da EJA, mas requer elaboração de políticas públicas como um todo. Não obstante, como já foi apresentado, as pesquisas educacionais constatam que a prática educativa do professor junto dos alunos é essencial.

A relação educativa entre o professor e o aluno acontece permeada por um vasto universo simbólico e cultural. No decorrer desta pesquisa, destacamos alguns desses aspectos presentes ou ausentes na formação continuada de professores da EJA, relacionados com a questão racial.

A tentativa de provocar uma discussão acerca da diversidade cultural, com enfoque na questão racial, na Educação de Jovens e Adultos, não pode reduzir-se a um desafio, como já foi salientado, mas deveria provocar os professores a "ver", considerar e se relacionar com os alunos como sujeitos concretos portadores de raça, gênero, idade, ciclos de vida, entre outros.

No discorrer deste trabalho, vimos que, para analisar o fenômeno da desigualdade social, é preciso desagregar o fenômeno da desigualdade racial presente em nosso País, pois, caso contrário, os dados obtidos poderão deixar de expressar o real quadro de exclusão social[18] do Brasil.

No início do desenvolvimento deste trabalho, senti uma certa dificuldade para encontrar o fio condutor ao lidar com dois grandes campos teóricos de conhecimento, a saber a Educação de Jovens e Adultos e as Relações Raciais, pois existem pouquíssimas pesquisas realizadas nessa direção. Com a realização desta pesquisa, pude aproximar-me do cotidiano da sala de aula e da prática das professoras da EJA. Percebi a complexidade da formação continuada de professorcs no que tange às questões raciais e à organização do tempo e espaço da EJA. O aprendizado proporcionado foi vasto e cabe ressaltar que o entendimento da EJA enquanto espaço sociocultural se torna mais do que necessário e que a realização desta pesquisa sirva como provocação para a elaboração de novos trabalhos voltados, cada vez mais, para a discussão cultural na EJA.

Enfim, a elaboração deste trabalho foi extremamente prazerosa e, ao mesmo tempo, reflexiva. Prazeroso, no sentido de chegar muitas vezes à escola extremamente cansado e poder ver senhoras, senhores, jovens, adultos, crianças, professoras, funcionários, caminhando, sorrindo, chorando, dando um sentido ao tempo e espaço de aprender e viver juntos.

---

[18] José de Souza Martins acredita que, rigorosamente falando, não existe exclusão, existe contradição, existem vítimas de processos sociais, políticos e econômicos excludentes; existe o conflito pelo qual a vítima dos processos excludentes proclama seu inconformismo, seu mal-estar, sua revolta, sua esperança, sua força reivindicativa e sua reivindicação corrosiva (MARTINS, 1997, p. 14).

Reflexiva, no sentido da energia presente na EJA como algo indescritível e ao mesmo tempo apaixonante. Várias vezes, durante a observação participante, parava de fazer as minhas anotações no *Diário de Campo*, para escutar e aprender com aqueles sujeitos, jovens e adultos, negros e pobres, homens e mulheres que, muitas vezes, são vistos pela sociedade de forma estigmatizada. A pesquisa revelou que a compreensão desse jovem e desse adulto presente na EJA não deve acontecer apenas pelo viés da exclusão social, racial e geracional. Ela deve dar-se de maneira afirmativa e positiva. Esses sujeitos trazem consigo vivências, esperanças, sonhos, desejos, saberes e uma riqueza cultural capazes de nos ensinar e de nos tocar profundamente.

Nessa direção, deve ser ressaltado que, apesar dos limites percebidos e aqui apontados, reconheço que há um esforço da equipe de profissionais que atuam na escola pesquisada na realização do seu trabalho. Esse reconhecimento também é feito pelos alunos da EJA. Cabe destacar que a força desse trabalho surge da iniciativa do coletivo das professoras que, com todas as limitações da organização, da formação inicial e continuada, das condições de trabalho, das precárias condições de vida da comunidade, buscam articular as suas ações com a comunidade local, como já foi mencionado, conduzindo as suas práticas educativas na EJA com bastante seriedade.

Ao realizar esta pesquisa, novas questões me foram colocadas pelo trabalho de campo, as quais, devido ao objetivo desta monografia, não foram possíveis de serem abordadas em profundidade: os processos de escolarização vivenciados por jovens negros; as políticas públicas da EJA; e a organização do tempo e espaço da EJA a partir das diferentes faixas etárias compreendida na sala de aula.

Nesse sentido, a pesquisa aponta vários caminhos que buscarei aprofundar na pós-graduação. Finalizando, gostaria de compartilhar a reflexão de um dos teóricos que esteve presente nas epígrafes deste trabalho e cujos escritos influenciaram a minha formação pessoal e profissional:

> "Se nada ficar destas páginas, algo, pelo menos, esperamos que permaneça: nossa confiança no povo. Nossa fé nos homens e na criação de um mundo em que seja menos difícil amar."
>
> *(Paulo Freire)*

REFERÊNCIAS BIBLIOGRÁFICAS

AÇÕES AFIRMATIVAS NA UFMG. Belo Horizonte: Faculdade de Educação da UFMG, 2002. 39F. Mimeografado.

ABRAMO, Helena Wendel. Condição juvenil no Brasil contemporâneo. In: ABRAMO, Helena W.; BRANCO, Pedro Paulo M. (Org.). *Retratos da juventude brasileira*: análises de uma pesquisa nacional. São Paulo: Perseu Abramo, 2005. p. 37-72.

ADORNO, Sérgio. Ética e Violência: adolescentes, crime e violência. In: ABRAMO, Helena Wendel *et.al.* (Org.). *Juventude em Debate.* São Paulo: Cortez, 2002. p. 97-110.

ANDRADE, Eliane Ribeiro. Os jovens da EJA e a EJA dos jovens. In: OLIVEIRA, Inês Barbosa de; PAIVA, Jane (Org.). *Educação de jovens e adultos.* Rio de Janeiro: DP&A, 2004. p. 43-54.

ANDRÉ, Marli Eliza Dalmazo. Avanços no conhecimento etnográfico da escola. In: FAZENDA, Ivani Catarina Arantes (Org.). *A pesquisa em educação e as transformações do conhecimento.* São Paulo: Papirus, 1995. p. 99-110. (Coleção Práxis).

ASSOCIAÇÃO NACIONAL DE PÓS-GRADUAÇÃO E PESQUISA EM EDUCAÇÃO, 2003, Poços da Caldas. GIOVANETTI, Maria Amélia G. de Castro. *A Relação Educativa na Educação de Jovens e Adultos*: suas repercussões no enfrentamento das ressonâncias da condição de exclusão social. Poços da Caldas, MG: ANPED, 2003. CD-ROM.

ARBACHE, Ana Paula R. Bastos. Alfabetismo de pessoas jovens e adultas: contribuições da perspectiva multicultural crítica. *Revista Univille,* Rio de Janeiro, v.3, n.2, set. 1999. p. 83-91.

ARROYO, Miguel G. *Ofício de Mestre*: imagens e auto-imagens. Petrópolis: Vozes, 2000.

________. A educação de jovens e adultos em tempos de exclusão. *Revista Alfabetização e Cidadania*. São Paulo: RAAAB, n.11, abr. 2001. p. 9-20.

BRUNEL, Carmem. *Jovens cada vez mais jovens na educação de jovens e adultos*. Porto Alegre: Mediação, 2004.

CANDAU, Vera Maria. Formação continuada de professores: tendências atuais. In: CANDAU, Vera Maria (Org.). *Magistério:* construção cotidiana. Petrópolis: Vozes, 1997. p. 51-68.

CANEN, A. Formação de Professores e Diversidade Cultural. In: CANDAU, V. M. F. (Org.). *Magistério*: construção cotidiana. Petrópolis: Vozes, 1997. p. 205-236.

________. Universos culturais e representações docentes: subsídios para a formação de professores para a diversidade cultural. *Revista Educação & Sociedade*. Campinas: Cedes, n.77, dez. 2001. p. 207-227.

CARVALHO, Marilia Pinto de. Um lugar para o pesquisador na vida cotidiana da escola. In: ZAGO, Nadir (Org.) *et.al. Itinerários de Pesquisa*: perspectivas qualitativas em sociologia da educação. Rio de Janeiro: DP&A, 2003. p. 207-222.

CASTRO, Elza Vidal de. Movimentos educacionais em Minas precursores da Escola Plural. In: DALBEN, Ângela Imaculada

Loureiro de Freitas (Org.). *Singular ou plural?*: eis a escola em questão. Belo Horizonte: GAME/FaE/UFMG, 2000.

CASTRO, Mary Gárcia. Políticas públicas por identidades e de ações afirmativas: acessando gênero e raça, na classe, focalizando juventudes. In: NOVAES, Regina; VANNUCHI, Paulo (Org.). *Juventude e Sociedade*: trabalho, educação, cultura e participação. São Paulo: Perseu Abramo, 2004. p. 275-303.

CHARLOT, Bernard. *Da relação com o saber*: elementos para uma teoria. Porto Alegre: Artes Médicas, 2000.

CUNHA, Charles Moreira; SILVA, Maria Clemência F. da. A educação de jovens e adultos: a diversidade de sujeitos, práticas de exclusão e inclusão das identidades em sala de aula. In: DINIZ, Margareth; VASCONCELOS, Renata N. (Org.). *Pluralidade cultural e inclusão na formação de professoras e professores*: gênero, sexualidade, raça, ed. especial, ed. indígena, ed. jovens e adultos. Belo Horizonte: Formato, 2004. p. 158-187. (Série Educador em formação).

CURY, Carlos Roberto Jamil. *Diretrizes Curriculares Nacionais para Educação de Jovens e Adultos.* Distrito Federal: Conselho Nacional de Educação, 2000. 27F. Mimeografado.

DAYRELL, Juarez. A escola como espaço sócio-cultural. In: _______. (Org.). *Múltiplos olhares sobre educação e cultura*. 2. ed. Belo Horizonte: Ed. UFMG, 2001. p. 136-161.

DAYRELL, Juarez; GOMES, Nilma Lino. *A juventude no Brasil.* Belo Horizonte. Disponível em: <http://www.fae.ufmg.br/objuventude>. Acesso em: 11 mar. 2005.

________. *O jovem como sujeito social.* Belo Horizonte. Disponível em: <http://www.fae.ufmg.br/objuventude>. Acesso em: 11 mar. 2005.

FREIRE, Paulo. *Pedagogia da autonomia*: saberes necessários à prática educativa. São Paulo: Paz e Terra, 1996.

_______. *Pedagogia do Oprimido*. São Paulo: Paz e Terra, 1970.

FRANÇA, Júnia Lessa. *et al. Manual para normalização de publicações técnico-científicas*. 7. ed. Belo Horizonte: Ed. UFMG, 2004.

GADOTTI, Moacir. *Diversidade cultural e educação para todos*. Rio de Janeiro: Graal, 1992.

GENTILI, Pablo; ALENCAR, Chico. *Educar na esperança em tempos de desencanto*. Petrópolis: Vozes, 2001.

GOFFMAN, Erving. *Estigma*. Notas sobre a manipulação da identidade deteriorada. Rio de Janeiro: Zahar, 1995.

GONÇALVES, Luiz Alberto Oliveira; SILVA, Petronilha Beatriz Gonçalves. Movimento negro e educação. *Revista Brasileira de Educação,* Rio de Janeiro, n. 15, set./out./nov./dez. 2000. p. 134-158.

GOMES, Nilma Lino; SILVA, Petronilha B. Gonçalves. O desafio da diversidade. In: ________ (Org.). *Experiências étnico-culturais para formação de professores*. Belo Horizonte: Autêntica, 2002. p. 13-33.

GOMES, Nilma Lino. Práticas pedagógicas e questão racial: o tratamento é igual para todos/as. In: DINIZ, Margareth; VASCONCELOS, Renata N. (Org.). *Pluralidade cultural e inclusão na formação de professoras e professores*: gênero, sexualidade, raça, ed. especial, ed. indígena, ed. jovens e adultos. Belo Horizonte: Formato, 2004. p. 80-108. (Série Educador em formação).

_______. Educação e diversidade étnico-cultural. In: RAMOS, Marise Nogueira (Coord.) *et.al. Diversidade na educação*: reflexões e experiências. Brasília: Secretaria de Educação Média e Tecnológica, 2003. p. 66-76.

_______. Educação de Jovens e Adultos e questão racial: algumas reflexões iniciais. In:. SOARES, Leôncio; GIOVANETTI, Maria Amélia; GOMES, Nilma Lino (Org.). *Diálogos na Educação de Jovens e Adultos*. Belo Horizonte: Autêntica, 2005. p. 87-104.

HALL, Stuart. *A identidade cultural na pós-modernidade*. Rio de Janeiro: DP&A, 2002.

HADDAD, Sérgio; DI PIERRO, Maria Clara. Escolarização de jovens e adultos. *Revista Brasileira de Educação*, Rio de Janeiro, n.14, maio/jul./ago. 2000. p. 108-130.

HADDAD, Sérgio. *Estado da arte das pesquisas em Educação de Jovens e Adultos no Brasil*: a produção discente da pós-graduação em educação no período 1986 a 1998. INEP: MEC, n.8, 2000. (Série Estado e Conhecimento).

HENRIQUES, Ricardo. *Desigualdade racial no Brasil*: evolução das condições de vida na década de 90. Rio de Janeiro: IPEA, 2001.

KOTSCHO, Ricardo. *Essa escola chamada vida*. 11. ed. São Paulo: Ática, 2000. (Série Educação em Ação).

LARAIA, Roque de Barros. *Cultura*: um conceito antropológico. 16. ed. Rio de Janeiro: Jorge Zahar, 2003.

LEITÃO, Cleide. Itinerários e processos de autoformação. In: OLIVEIRA, Inês B.; PAIVA, Jane (Org.). *Educação de jovens e adultos*. Rio de Janeiro: DP&A, 2004. p. 143-158.

LEITE, Lúcia Helena Alvarez. Pedagogia de projetos: intervenção no presente. *Presença Pedagógica*. Belo Horizonte: Dimensão, v. 2, n. 8, mar./abr. 1996. p. 24-33.

LUNA, Sérgio Vasconcelos de. *Planejamento de pesquisa*: uma introdução. São Paulo: EDUC, 2002. (Série Trilhas).

MARTINS, José de Souza. *Exclusão social e a nova desigualdade*. São Paulo: Paulus, 1997.

MUNANGA, Kabenguele. *Superando o racismo na escola*. Brasília: Ministério da Educação, 2001.

NOVÓA, António. Os professores e as histórias da sua vida. In: ______(Org.). *Vida de Professores*. Porto: Ed. Porto, 1995. p. 11-30. (Coleção Ciências da Educação).

OLIVEIRA, Marta Kohl de. Jovens e Adultos como sujeitos de conhecimento e aprendizagem. *Revista Brasileira de Educação*, São Paulo, set. 1999. p. 59-73.

OLIVEIRA, Marta Kohl de. Refletindo sobre os sujeitos da Educação de Jovens e Adultos. Belo Horizonte. Disponível em: <http://www.pbh.gov.br/smed/cape/>. Acesso em: 27 maio 2004.

PASSOS, Joana Célia dos. Discutindo as Relações Raciais na Estrutura Escolar e Construindo uma Pedagogia Multirracial e Popular. In: *Multiculturalismo e a Pedagogia Multirracial e Popular*. Florianópolis: Atilénde, v. 8, 2002. p. 21-43. (Série Pensamento Negro em Educação).

________. As práticas educativas do movimento negro e a educação de jovens e adultos. *Revista Alfabetização e Cidadania*. São Paulo: RAAAB, n. 18, set. 2004. p. 19-28. (Série Movimentos Sociais e Educação de Jovens e Adultos).

PERES, Maria Fernanda Tourinho. *Violência por armas de fogo no Brasil.* - Relatório Nacional. São Paulo, Brasil: Núcleo de Estudos da Violência/Universidade de São Paulo, 2004. Disponível em: <http://www.nev.prp.usp.br>. Acesso em: 27 set. 2004.

TEIXEIRA, Inês de Castro. Os professores como sujeitos sócio-culturais. In: DAYRELL, Juarez (Org.). *Múltiplos olhares sobre educação e cultura.* 2. ed. Belo Horizonte: Ed. UFMG, 2001. p. 179-194.

VIEIRA, Ricardo. Mentalidades, escola e pedagogia intercultural. *Revista Educação, Sociedades e Culturas.* Oieiras: Porto, n. 4, 1995. p. 127-147.

________. Da multiculturalidade à educação intercultural: a antropologia da educação na formação de professores. *Revista Educação, Sociedades e Culturas.* Oieiras: Porto, n. 12, 1999. p. 123-162.

SACRISTÁN, J. Gimeno. Consciência e ação sobre a prática como libertação profissional dos professores. In: NÓVOA, António (Org.). *Profissão Professor.* 2. ed. Porto: Ed. Porto, 1995. p. 63-92.

SANT'ANNA, Wania. *Dossiê Assimetrias Raciais no Brasil*: alerta para a elaboração de políticas. São Paulo: Rede Feminista de Saúde, Direitos Sexuais e Direitos Reprodutivos, set. 2003. Disponível em: <http://www.redesaude.org.br>. Acesso em: 25 ago. 2004.

SECRETARIA MUNICIPAL DE EDUCAÇÃO. *Educação de Jovens e Adultos*: relatos de uma nova prática. Belo Horizonte, n. 3, dez. 1996. p. 103-109. (Série Reflexões sobre a prática pedagógica na Escola Plural).

_______. *Educação básica, profissional e sindical*: um direito do trabalhador, um desafio para os sindicatos. Belo Horizonte: Escola Plural, 1996. p. 7-15.

SILVA, Maria Aparecida da. Formação de educadores/as para o combate ao racismo: mais uma tarefa essencial. In: CAVALLEIRO Eliane (Org.). *Racismo e anti-racismo na educação*: repensando nossa escola. São Paulo: Summus, 2001. p. 64-82.

SILVA, Maria Clemência de Fátima. *Bolsos cheios de tempo*: uma leitura dos tempos tramados e vividos na educação de jovens e adultos. 2005. 221 fl. (Dissertação de Mestrado em Educação). Faculdade de Educação – Universidade Federal de Minas Gerais - Belo Horizonte, 2005.

SILVA, Tomaz Tadeu da. O currículo como narrativa étnica e racial. In: SILVA, T. T. *Documentos de identidade*. Belo Horizonte: Autêntica, 1999. p. 99-104.

SILVA, Petronilha Beatriz Gonçalves. Prática do racismo e formação de professores. In: DAYRELL, Juarez (Org.). *Múltiplos olhares sobre educação e cultura*. 2. ed. Belo Horizonte: Ed. UFMG, 2001. p. 168-178.

SOARES, Leôncio José Gomes. As políticas de EJA e as necessidades de aprendizagem dos jovens e adultos. In: RIBEIRO, Vera Masagão (Org.). *Educação de jovens e adultos*: nos leitores novas leituras. São Paulo: Mercado de letras, 2001. p. 201-224.

SPÓSITO, Marília Pontes. Educação e juventude. *Educação em Revista,* Belo Horizonte, n. 29, jun. 1999. p. 7-13.

NATALINO NEVES DA SILVA, pedagogo, é mestrando em Educação pela Faculdade de Educação da Universidade Federal de Minas Gerais (FaE/UFMG), Bolsista do Programa Internacional de Bolsas de Pós-Graduação da Fundação Ford e integrante do Programa Ações Afirmativas na UFMG. Atuou como coordenador/educador social da Organização Não-Governamental (ONG) Núcleo de Arte e Cultura Des. Márcio Sollero (NAC) no período de 2005-2006 e, atualmente, dedica-se exclusivamente ao desenvolvimento da pesquisa sobre "Juventude, Educação de Jovens e Adultos e a Questão Racial".

Alguns artigos publicados: "A roda como espaço formativo", na obra *Educador talvez seja isso mesmo...*, organizada pelo Instituto da Criança e do Adolescente (Belo Horizonte: Editora PUC MINAS, 2006); e "Ações Afirmativas: o (re) encontro com a identidade étnico-racial", organizado por Nilma Lino Gomes e Aracy Alves Martins, *Afirmando direitos: acesso e permanência de jovens negros na universidade* (Belo Horizonte: Autêntica, 2004). Também foi um dos autores do livro *Identidades e Corporeidades Negras: reflexões sobre uma experiência de formação de professores(as) para a diversidade étnico-racial* (Belo Horizonte: Autêntica, 2006).

Além disso, a sua pesquisa "Diversidade Cultural, Questão Racial e Educação de Jovens e Adultos: refletindo sobre a formação continuada de professores(as)" foi contemplada, em 2006, pelo reconhecimento científico dos avanços teóricos e metodológicos, no *Premio a la mejor tesis Licenciatura sobre Educación de Jóvenes y Adultos 2006*, promovido pelo Centro de Cooperación Regional para la Educación de Adultos en América Latina y el Caribe (CREFAL), no México.

Este livro foi composto em tipologia *Minion Pro* 12,5/16, e impresso em papel Off Set 75g/m^2 (miolo), Cartão Supremo 250g/m^2 (capa), na primavera de dois mil e sete.